地方政府经济行为研究

余靖雯 著

企业管理出版社

图书在版编目（CIP）数据

地方政府经济行为研究/余靖雯著. --北京：企业管理出版社，2019.5

ISBN 978-7-5164-1948-9

Ⅰ.①地… Ⅱ.①余… Ⅲ.①地方政府-经济行为-研究-中国 Ⅳ.①F127

中国版本图书馆 CIP 数据核字（2019）第077836号

书　　名：地方政府经济行为研究
作　　者：余靖雯
责任编辑：张平　田天
书　　号：ISBN 978-7-5164-1948-9
出版发行：企业管理出版社
地　　址：北京市海淀区紫竹院南路17号　　邮编：100048
网　　址：http：//www.emph.cn
电　　话：编辑部(010)68701638　　发行部(010)68701816
电子信箱：qyglcbs@emph.cn
印　　刷：北京虎彩文化传播有限公司
经　　销：新华书店
规　　格：170毫米×240毫米　　16开本　　14印张　　200千字
版　　次：2019年5月第1版　　2019年5月第1次印刷
定　　价：68.00元

目　录

第一章　导　论

一、选题背景

基于地方政府在我国经济发展过程中发挥了具有鲜明特色的作用，因此理解地方政府经济行为具有重要意义。

地方政府是公共产品的重要提供者，在我国，地方政府承担了大部分的支出责任，是实现经济高速增长的基础。公共产品可以大致分为两类，一类是具有短期增长效应的基础建设支出，另一类是短期增长效应不明显的偏民生类的公共服务。地方政府在基础设施方面取得了举世瞩目的成就。截至2016年年底，中国高速公路总里程突破13万公里（1公里=1千米），高速铁路运营里程超过2.2万公里，均位居世界第一位。随着我国经济的发展，综合国力的提升，如何激励地方政府着力保障和改善民生，把促发展和惠民生有机结合在一起，成为当前形势下的重要问题。

地方政府是我国土地一级市场的管理者，能利用土地这一关键性生产要素来掌握发展主动权，从而实现经济增长。我国实行的是农业用地归集体所有，城市建设用地归国家所有的土地公有制。集体所有土地必须经过国家征用后才可以投放到市场，形成事实上的土地终极国有。然而，中央并不直接掌握土地，主要负责宏观上的调控，根据地方每年社会经济发展的需要下批建设用地指标。地方政府代表国家行使土地所有权，成为实际上的土地一级市场管理者，可以实现农业用地向城市建设用地的转换。20 世纪 80 年代开始，农业部门无法继续给我国的工业化提供资本积累。地方政府低价供应工业用地，突破土地要素的制约，建立工业园和开发区招商引资，中国逐渐成为世界制造工厂。1994 年的分税制改革，压缩了地方政府财政收入在总财政收入中的比重。值得注意的是，分税制改革将当时规模很小的土地收益划给了地方政府，从此奠定了地方政府走向“土地财政”的制度基础。1998 年住房制度改革和 2003 年土地“招拍挂”等一系列制度创新，土地价值被重估。根据国家统计局的数据计算，土地出让金占地方一般财政预算内收入的比例从 20 世纪 90 年代末约 10%，一路攀升，至 2013 年达到顶点的 63.4%，再之后有所回落，但基本维持在 35% 以上。

为了应对金融危机，2008 年 11 月“四万亿”经济刺激计划开启，地方政府设立投融资平台，通过抵押土地使用权对外举债，开展“土地金融”活动。城市基础设施建设的资金中，“土地金融”所占比重越来越高，已经远远超过“土地财政”。

以历史视角看，地方政府公共产品供给、土地出让行为在经济高速增长阶段发挥了不可忽视的作用。党的十九大报告明确指出，我国经济已由高速增长阶段转向高质量发展阶段。在这样的背景下，深入而全面地对地方政府经济行为进行剖析、权衡和把握，将有助于在高质量经济发展阶段实施供给侧改革、优化土地等要素的配置效率，推进财税体系改革及防范和化解重大风险。

二、研究内容

本书关注地方政府的经济行为，主要研究以下两个问题。

第一，地方政府是公共服务的主要提供者，承担了大部分公共服务支出的责任。梳理和回顾了我国财政体制的历史变化，以及对地方政府财政压力和公共服务供给造成的影响。使用“省直管县”改革和农业税费改革两次外生性实验，从实证上探讨地方政府的公共服务供给行为。

第二，地方政府利用土地资源谋求发展的模式在我国经济发展中发挥着具有鲜明特色的作用。一方面，地方政府可以利用“土地财政”进行融资，即依靠出让土地获得财政收入。另一方面，地方政府可以通过设立各种土地储备中心和投融资平台利用土地作为抵押品向银行贷款，这种方式可以称为“土地金融”。地方政府利用巨大的土地红利推动了过去几十年中国的基础设施建设，造就了中国经济的高速增长。本书关注地方政府“土地财政”和“土地金融”两种行为，探讨了地方政府如何在两种土地融资模式之间进行权衡选择，及其对城镇化和基础设施建设的影响。

三、创新之处

第一，本书关注政府间财政关系对地方政府公共服务供给的影响。以往的文献主要关注中央—省财政关系，忽略了中国大部分的公共服务供给（如义务教育）是由县级（及县级以下）政府提供的事实，缺乏对县级（及县级以下）政府公共服务支出影响机制认真细致的考察。此外，也很少有文献研究地区内公共服务资源（如教育）分布不均衡的问题。目前，有关教育不均衡的文献大多为定性的政策分析，没有对教育资源不均衡进行科学的测度，结论也没有得到经验研究支持。为数不多的定量分析的研究也主要以省级层面的数据为基础，更多关注的是地区间（省际间）的教育不均衡，缺乏对省级以下地区内的教育供给分布不均衡进行细致的研究。本书考虑了这些不足，相比以往的研究，我们利用了“省直管县”这个改革，采用县级面板数据和经济学中广泛应用于政策评估的方法——双重差分模型进行估计，能够解决大多数相关研究的内生性问题，能更为细致地考察县级政府公共服务支出的影响机制，这是以往文献较少关注的一个很重要的问题。

第二，财政压力如何影响地方政府行为也是众多研究者关心的问题，但以往的文献往往存在内生性问题。首先，普遍使用的财政压力指标的构建依赖地方政府预算内的财政收支数据，很可能由被解释变量财政支出结构反向决定，导致反向因果的问题。比如，基本建设支出在财政支出所占比重较大的地方政府财政压力大。

其次，财政支出结构和财政压力同时内生于一个经济体系，可能都是某些不可观测的因素造成的结果，这会产生遗漏变量偏误问题，使得实证结果不可靠。本书创新性地利用农村税费改革这个外生政策实验，采用县级面板数据和双重差分的方法，从更加扎实的微观层面考察地方政府财政压力对其支出结构的影响效应，较好地克服了内生性问题。

最后，关于地方政府土地融资方式的研究，已有大量的文献对“土地财政”和“土地金融”两种土地融资方式的形成原因和影响做了探讨。但对于地方政府在两种融资方式间如何进行权衡选择的讨论却十分缺乏。事实上，由于土地供给量是刚性的，两种融资方式还存在一定的替代关系。土地出让虽然能一次性获得大量收入，但却转让了使用权。而土地抵押获得贷款的方式，虽然要偿付利息，但使用权还在地方政府手上，地方政府能通过观察市场变动对土地进行再操作。本书从财税激励的角度出发，通过构建跨期选择理论模型细致研究了地方政府两种土地融资模式的选择决策，并通过数据实证检验了模型的结论。

四、本书结构

第一章介绍研究背景、研究问题和主要创新之处，对全书进行概括性的介绍。

第二章关注地方政府公共服务供给行为，梳理和回顾我国财政体制的历史变化，以及对地方政府财政压力和公共服务供给造成的影响。使用“省直管县”改革和农业税费改革两次外生性实验，从实证上探讨地方政府的公共服务供给行为。

第三章讨论地方政府土地出让行为，回顾了我国土地制度的变迁和城镇化进程，从财税激励的角度分别通过模型和实证研究了地方政府如何通过权衡土地财政和土地金融两种融资选择。

第四章给出全书的结论、政策建议和进一步的研究方向。

第二章　地方政府公共服务供给行为

公共服务具有非竞争性和非排他性的特征，容易造成“搭便车”现象，由私人企业或市场来提供公共产品会非常低效，因此公共服务一般由政府或社会团体提供。政府可以利用征税获得收入并用税收收入来提供公共服务，从而克服“搭便车”问题。人们被征收的税收可以看作是对公共服务消费的收费。公共服务能满足公民基本的生活、生存与发展需求，改善生活方式，提高生活质量。相比于中央政府，地方政府更清楚管辖区域内居民的偏好，具有信息优势和效率优势，能根据本地居民的偏好信息更好地做出公共服务供给的决策。地方政府是公共服务的主要提供者，承担了诸如社会保障、公共教育、医疗卫生等大部分公共服务支出的责任。地方政府在体制改革及财政压力激励下，会不断调整公共服务的供给行为。本章关注地方政府的公共服务供给行为，通过理论分析并使用2000—2007年地市级及县级的面板数据探讨体制改革及财政压力如何影响地方政府的公共服务供给行为。

一、政府与公共产品

（一）公共产品的定义与特征

公共产品是与私人产品相对的概念，主要是指在消费上具有非竞争性和非排他性的产品。其中，非竞争性指的是一旦这种产品被提供，增加一个消费者对该产品的消费并不减少它对其他使用者的供应。从经济学的角度来看，即增加一单位消费者的边际成本为零。例如，多一条船只对海上灯塔的使用不会影响灯塔对其他船只的供应。非排他性则是指在产品的消费过程中阻止其他人消费的成本非常高昂或者可能性为零。从另一个角度来讲，一个人在消费这种产品时，无法排除他人也同时消费这种产品。例如，治理环境污染可以给所有人带来好处。

非竞争性和非排他性共同构成了公共产品的基本特征。然而在实际生活中，完全符合这两种特征的产品并不多见，很多产品或者只有非竞争性，或者只有非排他性，或者只有不完全的非竞争性或非排他性。这些产品介于公共产品和私人产品之间。因此，可以根据产品所具有的非竞争性和非排他性程度将公共产品分为纯公共产品（Pure Public Goods）和准公共产品（Impure Public Goods）。准公共产品又可称为局部公共产品或混合产品。

纯公共产品具有完全的非竞争性和非排他性，可以为所有社会成员共同消费。纯公共产品不仅包括物质产品，还包括各种公共服务。国家机关所提供的国防、司法、公安服务等都可看作是纯公共产品。准公共产品只具备非竞争性和非排他性中的一种或者说不完全的非竞争性和非排他性。例如，上下班高峰时城市中的街道具有非排他性，但消费却是竞争性的，每增加一辆车道路就会变得更加拥挤。纯公共产品和准公共产品的区别并不是绝对的，它取决于现实的具体条件。例如，不拥挤的马路和桥梁可以看作是纯公共产品，但如果增加了收费亭，只有支付了过路费的车辆才能通过，则马路和桥梁就具有了排他性，变成了准公共产品。

还需要注意的一点是，公共产品虽然为整个社会共同消费，但其价值并不是对所有人来说都是一样的。以国家提供的国防服务为例，每个人都从国家的国防服务中受益，但不能排除其他人享受这种服务。对一些担心国家安全的人来说，他们会对国防服务评价较高，另一些人则可能认为国防服务并不是特别重要。

（二）公共产品理论的发展历史

1739 年出版的《人性论》中，英国哲学家、历史学家和经济学家大卫・休谟便对公共产品进行了较为细致的描述。他认为，尽管两个邻居可以就如何灌溉共同拥有的农场达成协议，但一千个人却不可能达成这种协议，因为人性使然，每个人都会寻找借口使自己免于承担成本，而把成本加诸他人身上。大卫・休谟认为，政府能在某种程度上弥补这一缺陷，尽管它是由具有人类弱点的人组成的。

在大卫・休谟之后对公共产品进行相关论述的是亚当・斯密。亚当・斯密在 1776 年出版的《国民财富的性质和原因的研究》中谈到，无须政府干预，市场本身便能使社会运转良好，市场是"看不见的手"，能最有效地协调社会成员的活动。他提出，政府只需要提供一些市场经济运行所必需的条件。首先是国防活动。由于防御技术变得越来越复杂，自我防护甚至依赖民兵组织变得越来越不可行。因此，政府需要提供国防以保护社会免受外国入侵的干扰。其次是司法活动。亚当・斯密认为，进行司法裁判，确保司法公正，以保护每个社会成员的权利免受他人侵犯是政府的责任。最后，亚当・斯密提到了建造公共设施和基础教育等公共产品的供给问题。他认为，由于公共产品的所得利润并不能抵补其投资投入，如果只由个人或者少数人来办理，单纯依靠市场力量来提供公共产品是不可能实现的，因此需要国家来提供。亚当・斯密虽然阐述了公共产品的相关理论，但并没有详细说明为什么公共产品需要政府而不是私人部门提供。

约翰・斯图亚特・穆勒在 1848 年也提出了和亚当・斯密较为类似的观点。他也赞同应减少政府干预，建立自由放任的市场。但和亚当・斯密一样，他认为在某些情况下，由政府来提供公共产品是合适的。他把这些情况分为一般性职责（Ordinary Function）和选择性职责（Optional Function）两类。一般性职责包括提供一个能保护社会成员生命、人身和财产安全的法律系统及国防活动，这是建立自由放任市场的前提。除了一般性职责，政府还可以出于给公众提供便利的目的，在社会成员同意的情况下，选择性地提供一些公共产品，包括铸币、修路、建造港口等。他以灯塔为例，分析了灯塔收费的困难，说明了依靠市场力量提供公共产品的困难，因此当市场失效时需要政府提供公共产品。

与亚当·斯密等英国学者不同的是，欧洲的经济学家并不认为市场是主要的，而政府只需要履行基本的公共产品供给职能，他们认为私人部门和公共部门是平等的。在人口密度增加、城市化等事实基础上，瓦格纳对 19 世纪的欧洲国家和美国、日本公共支出增长情况进行了实证分析，认为政府的公共产品供给职责应不断扩大。瓦格纳指出，由于人们对于公共产品的需求弹性较高，随着经济的发展和人们收入水平的提高，人们对于医疗、教育、文化、金融等公共产品的需求也不断增长，并且会超出人均收入的增长，这样政府支出的规模也要相应增长。这便是著名的“公共支出不断增长法则”，也称“政府活动扩张法则”。

随着边际革命的爆发，奥地利和意大利学者如潘塔莱奥妮、马尔科、萨克斯、马佐拉等将边际效用理论引入公共产品的研究中，建立起公共产品初步的理论框架。在他们看来，在给定个人偏好的情况下，当价格等于每个人的边际效用时，个人福利得到最大化。这种效率原则除了适用于私人产品之外，还适用于公共产品。但两者存在差别：私人产品是按照统一价格出售的，个人消费者可以通过调整消费数量来使价格和边际效用相等。但公共产品是不可分割的，人们无法通过调节消费数量来改变边际收益，只能通过改变成本（税收价格）来适应同一数量的公共产品，表现为不同的人支付不同的税收价格。

瑞典学派的鼻祖威克赛尔也赞同根据每个人得到的边际效用的多少支付税收价格的受益课税原则，认为国家提供公共服务带来的正边际效用应等于个人纳税损失带来的负边际效用。但他认为不应该过度强调公共产品的受益课税原则，因为这样会使人们的注意力放在市场程序而不是政治程序上。威克赛尔的学生林达尔在此基础上，建立了公共产品供给模型。在模型中，他分析了两个消费者共同纳税承担一份公共产品的供给问题，指出每个人在总税额中应纳份额应与其在公共产品消费中享有的效用价值相等。每个人支付的税收价格又称为林达尔价格。林达尔的观点极大地促进了西方公共财政理论，以及公共产品理论的形成与发展。

与公共产品相关的理论还包括庇古的外部性理论。外部性分为正外部性和负外部性，正外部性是某个经济主体的活动使他人或社会受益，而受益者无须花费代价。在正外部性中，社会收益大于个人收益。负外部性是某个经济主体的活动使他人或社会受损，而造成负外部性的人却没有为此承担成本。在负外部性中，社会成本大于个人成本。在社会收益大于私人收益的情况下，需要对正外部性进行补贴。补贴数额取决于社会收益与个人收益的差额，即公共产品收益与私人产品收益的差额，例如，庇古指出，如果耕作劳动能间接发挥对公民进行军事训练的作用，那么应该对耕作劳动进行适当补贴。

上述理论研究主要集中在政府的公共产品供给方面，忽略了从需求角度对公共产品进行研究及确定公共产品的具体含义和基本特征。直到20世纪50年代，萨缪尔森真正地将公共产品和私人产品明确区分开来。萨缪尔森认为，产品可分为一般的私人消费品和集体消费的产品。他认为，公共产品是指每个人的消费不会减少其他人对于该产品消费量的产品。而私人产品是指如果一种物品能够加以分割，因而每一部分能够分别按照竞争价格卖给不同的人，而且对其他人没有产生外部效果。在萨缪尔森看来，竞争性的市场定价机制是提供私人产品最优机制，但是，对于公共产品，分散化定价系统并不起作用，无法决定集体消费最优水平。因此，人们可以尝试采用“投票”或者“发出信号”等其他办法来解决问题。总体来说，萨缪尔森认为非竞争性是区分公共产品和私人产品的主要标准。

非竞争性的引入具有重要意义，经济学家普遍接受了这一标准并在此基础上进行深化。1959 年，马斯格雷夫在他的《公共财政理论》中，继承了萨缪尔森关于公共产品非竞争性的分析，并将其表述为“共同消费性”，他还首次将排他原则的非适用性引入公共产品的定义，与共同消费性一起作为判定公共产品的两大标准，马斯格雷夫认为共同消费性更为重要。在他以后的研究中，他用“社会产品”来指公共产品，用消费的非竞争性代替共同消费性，他还将非排他性取代了排他原则的非适用性。

至此，非竞争性和非排他性作为公共产品的两大特征，得到了学者的广泛认同，标志着关于公共产品萨缪尔森—马斯格雷夫传统的形成。但除此之外，还有学者从其他角度思考公共产品的问题。1986 年诺贝尔经济学奖获得者詹姆斯·布坎南主要从产权角度考虑公共产品的供给问题。1965 年，詹姆斯·布坎南在《俱乐部的经济理论》中指出，萨缪尔森定义的公共产品是“纯公共产品”，而在现实社会中，大量存在的是介于公共产品和私人产品之间的“准公共产品”或“混合公共产品”。他在萨缪尔森的基础上创造性地提出了“俱乐部产品”，即一些人可以消费，另外一些人被排除在外的产品。詹姆斯·布坎南使用成本收益分析框架，得出了俱乐部成员的最优规模。詹姆斯·布坎南的“俱乐部产品”拉近了公共产品与现实的距离，将公共产品的概念拓宽，认为只要是集体或社会团体决定的，且为了某种原因通过集体组织提供繁荣物品或服务的，就可以认为是公共产品。1973 年，桑得莫发表了《公共产品与消费技术》，着重从消费技术角度研究了混合产品（准公共产品）。20 世纪 70 年代以后，公共产品理论的发展主要集中在设计机制保证公共产品的决策者提供的效率原则。

（三）政府公共产品供给现状

1. 公共产品的供给

由于公共产品具有非排他性，这使得公共产品在供给上会非常容易出现“搭便车”现象。搭便车行为是指消费者可以不承担任何成本而消费或使用公共产品的行为。由于公共产品无法排除其他人也分享其收益，每个人在消费的过程中都会有动机把成本转嫁给他人，这最终导致公共产品供给数量的偏低或供给失败。“搭便车”现象的存在使得由市场或私人企业来提供公共产品变得低效，而最常见的克服“搭便车”行为的方法便是由政府直接提供公共产品。政府通过征税获得收入，将其投入到公共产品的生产上，进而为人们的生活提供便利。可以认为，人们所缴纳的税收就是对人们消费公共产品的收费，在理论上如果政府掌握的信息充分，政府可以更加有效地提供公共产品。

公共产品的效益会随着空间范围的不同而不同，国防、航空、铁路等公共产品可以受益全国，其他一些公共产品如市政建设、城市消防等，受益范围则仅限于某个地区。根据公共产品受益的空间层次性，可以将公共产品分为全国性公共产品和地方性公共产品。

全国性公共产品是指受益范围是跨区域的，国内每个居民都可以使用的公共产品，如国防、社会保障等。这类公共产品主要由中央政府集中提供，其组织管理的范围具有全国性，集中提供可以获得在全国范围内配置资源的规模经济效益。如果交由地方政府供给，就会丧失规模经济效应。

地方性公共产品是指由各级地方政府提供，可以为本区域内每位成员所享用的公共产品。一般认为，相比于中央政府，地方政府对其所管辖的区域具有信息优势和效率优势，地方政府更清楚其所管辖区域居民的偏好，把一些公共产品的供给责任下放到地方政府可以更为有效地供给公共产品。但地区性公共产品也会存在外部性问题，某个地区提供公共产品可能会对相邻地区产生不利的影响，这时候需要在地区之间进行相应的补偿，补偿机制有时候通过地区之间协商确定，有时候则需要中央政府介入或投资。

2. 公共产品供给现状

政府提供的公共服务包括社会保障、医疗服务、公共教育和城市基础设施等。考虑到数据的可得性，本小节主要分析目前政府公共教育、公共卫生服务和社会保障的供给情况。

（1）公共教育投入总体情况。

图2－1展示了2000—2018年中国的公共教育支出占GDP比重的变化趋势。值得注意的是，我国的财政性教育经费的口径实际上除了财政预算内教育经费以外，还包括政府征收的用于教育的税费（教育费附加）、企业用于所办中小学的支出、校办产业、社会服务收入中用于教育的支出等。这里我们只采用了财政预算内教育经费这一口径计算公共教育支出占GDP的比重。从图2－1中可以看到，中国在这19年间的公共教育支出占GDP的比重虽然存在波动，但基本上呈现上升的趋势。

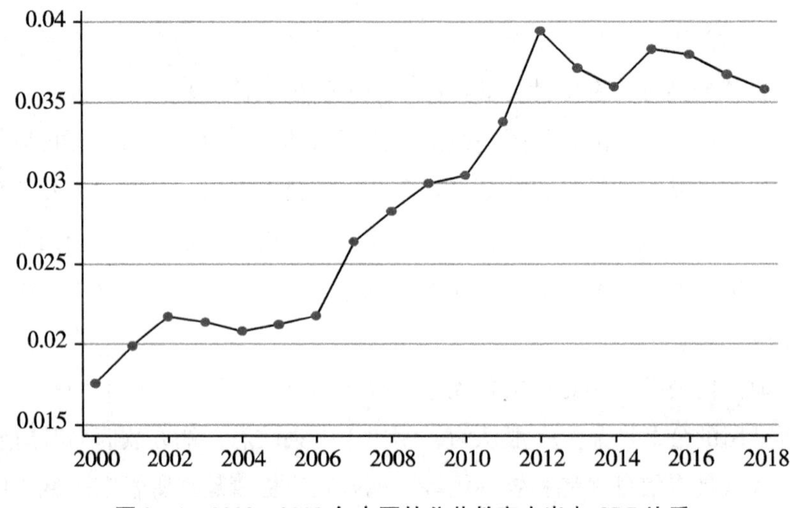

图2－1　2000—2018年中国的公共教育支出占GDP比重

数据来源：世界卫生组织。

1985年以后，《中国教育改革和发展纲要》《义务教育法》相继颁布实施，地方政府为基础教育公共服务的提供者，中央政府主要负责总体教育规划的制定及全国范围内教育公平的协调。具体而言，中央政府负责全面制定教育政策和综合规划，省级政府负责全面制定基础教育发展规划，并且协调各县级政府之间的教育事业性经费支出，而实施义务教育的责任，城市落在市区一级政府，农村则落在县级政府。这种基础教育的管理体制可以概括为“地方政府负责、分级管理、以县为主”。同时，2001 年国务院颁布法令，规定农村基础教育的财政支出重心从乡镇政府提升到县政府。但是，基础教育的支出责任，还是主要落在乡镇政府的身上。

我国中央、省和地市政府的财政性教育支出包含三个组成部分：一是本级直接的教育支出，主要是本级政府所举办的教育机构支出和教育管理支出，如中央和省级政府举办高等学校的相应教育支出；二是对下级政府的一般性转移支付中用于教育的部分；三是对下级政府专项的教育转移支付。目前，我国的公共教育支出责任主要在地方政府。

（2）公共卫生服务投入总体情况。

图 2－2 显示的是中国的公共卫生支出占 GDP 的比重和公共卫生支出占总财政支出比重。

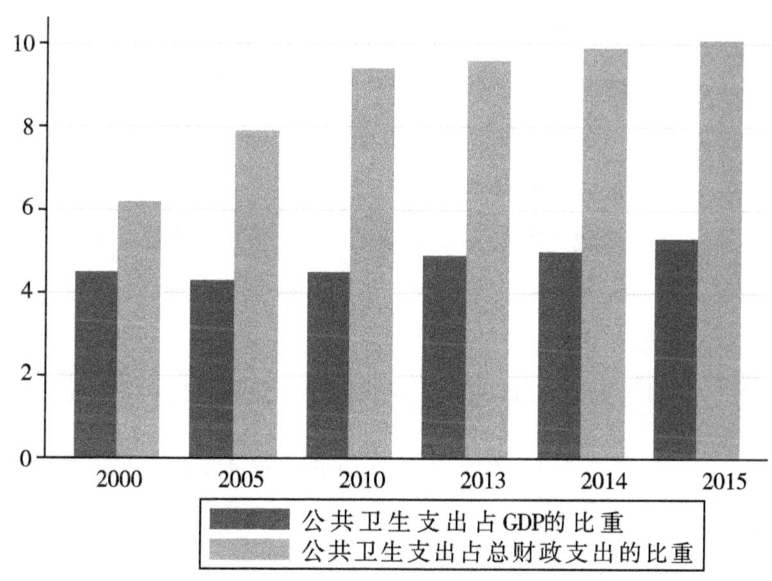

图 2－2　中国的公共卫生投入

数据来源：世界卫生组织。

与公共教育的财政体制改革一样，公共卫生的财政体制改革也在20世纪80年代开启。1985年4月，卫生部颁布了《关于卫生工作改革若干政策问题的报告》，提出发展全民所有制的卫生机构，要实行中央办、地方办和部门办同时并举的方针，在财政体制上，地方卫生事业的建设主要依靠地方投资，各级政府要积极发展和建设医疗预防保健机构。从此，公共卫生的支出责任很大程度上转交给了地方政府。2018年8月，国务院办公厅印发了《医疗卫生领域中央与地方财政事权和支出责任划分改革方案》，规定基本公共卫生服务明确为中央与地方共同财政事权，由中央财政和地方财政共同承担支出责任。按照该方案，基本公共卫生服务支出责任实行中央分档分担办法：第一档包括内蒙古、广西、重庆、四川、贵州、云南、西藏、陕西、甘肃、青海、宁夏、新疆12个省（自治区、直辖市），中央分担80%；第二档包括河北、山西、吉林、黑龙江、安徽、江西、河南、湖北、湖南、海南10个省，中央分担60%；第三档包括辽宁、福建、山东3个省，中央分担50%；第四档包括天津、江苏、浙江、广东4个省（直辖市）和大连、宁波、厦门、青岛、深圳5个计划单列市，中央分担30%；第五档包括北京、上海2个直辖市，中央分担10%。方案于2019年1月1日起开始实施。

（3）社会保障投入总体情况。

作为社会的“减震器”和“安全网”，社会保障能保障人民的基本生活需要，调节收入分配关系，营造稳定有序的社会环境。社会保障也是政府的支出责任之一。

表2-1显示的是2008—2015年我国社会保障支出的总体情况。

表2-1　2008—2015年中国社会保障支出

年份	社会保障支出/亿元	社会保障支出与GDP之比/%	人均社会保障支出/元
2008	18922.3	5.9	1428.5
2009	23651.1	6.8	1776.6

续表

年份	社会保障支出/亿元	社会保障支出与GDP之比/%	人均社会保障支出/元
2010	28737.9	7	2148.3
2011	36271.2	7.4	2698.5
2012	43295.2	8	3205.4
2013	56174.8	9.4	4138.5
2014	64388.8	10	4719.7
2015	78735.1	11.5	5742

数据来源：国家统计局。

注：本表按当年价格计算。2008 年数据不含保障性安居工程支出，2008—2009 年数据不含残疾人事业费，2008—2012 年数据不含住房公积金提取额。

从表中可以看出，我国的社会保障支出占 GDP 的比重在不断增加，从 2008 年的 5.9% 上升到了 2015 年的 11.5%，增加了接近两倍，人均社会保障支出超过了 5000 元。考虑到经济发展状况及社会保障支出增速，我国的社会保障供给在稳步上升。

二、政府间财政关系与地方政府公共服务供给

公共产品的特征决定了政府是其主要提供者。中央政府将众多公共产品的供给责任移交给地方政府。地方政府能较为自主决定本地的经济事务，组织并调节财政收入和支出。财政关系的调整塑造了地方政府的各种行为。

（一）中国财政体制的历史变化

要理解政府间财政关系在中国的实际作用，还需要了解中国财政体制的历史演变。下面主要梳理财政体制在中国的历史变化。

1. 第一次财政体制改革

中华人民共和国成立初期，在财政预算管理体制上，主要以“统收统支”为主。“统收统支”的财政预算管理制度指的是地方的预算收入要统一上缴给中央，地方支出则需要由中央安排统一划拨，收入和支出相分离。

1956 年，在第一个五年计划实行了三年并取得了一定的实践经验以后，中央决定探索一条适合中国情况的建设社会主义的道路。1957 年，中国共产党八届三中全会决定改善中央和地方财政关系，并于 1958 年正式实施。1958 年实施的第一次财政改革体制影响了中国的经济体制。此时实行的是“划分收支，分级管理”的财政预算管理体制。在地方政府的决策权方面，地方政府可以进行一些固定资产投资项目的决策，并能自主决定财政收入的增减。在企业方面，大量隶属中央的国企移交给地方政府，企业拥有了人事任免和雇佣工人的权力，指令性的计划指标也大大减少。在农村方面，许多政府机构的职能转移到了人民公社手中。

截至 1959 年，第一次财政体制改革至此结束。

2. 第二次财政体制改革

1970 年，第二次财政体制改革启动。此次的改革与第一次非常类似，同样是下放国有企业到地方，国有企业的工业产值的比重从 1965 年的接近一半下降到 8% 左右，地方政府掌控的预算内固定资产投资由 1969 年的 14% 上升到 27%，中央政府配置的物资种类从 1966 年的 579 种减少到 1972 年的 217 种（钱颖一，2003）。此外，中央与地方达成了各种财政分成协议，这次的改革促进了农村的工业化发展，为后来乡镇企业崛起提供了条件。

3. 改革开放后的财政体制改革

1978 年，党的第十一届三中全会的召开是中国改革开放的标志性事件。随着中国经济体制由计划经济向社会主义市场经济转轨，财政体制改革再次提上议程。改革开放后的体制改革又可以分为两个阶段，1994 年社会主义市场经济确立之前的“分灶吃饭”的财政管理体制改革和 1994 年社会主义市场经济确立之后的“分税制”改革。

（1）“分灶吃饭”的财政预算管理体制。

随着市场化的不断深入，如何激励地方发展经济成为重中之重。对此，中央与地方进行了“分灶吃饭”的财政体制改革。这次财政体制改革又被称为财政包干制。1980—1985 年是“分灶吃饭”的第一阶段，此时的体制特点可归结为“划分收支、分级包干”。在“划分收支、分级包干”的财政管理体制之下，中央和地方的收支按照隶属关系划分。中央固定收入包括中央所管辖企业的收入、关税收入和中央其他收入。地方固定收入包括地方所管辖企业的收入、工商所得税和地方其他收入。中央支出责任包括负责中央的基本建设支出、中央企业的事务支出、国防费等。地方支出责任包括地方的基本建设支出、地方企业的事务支出、地方行政费用等。“划分收支、分级包干”的体制改革明确划分了中央和地方的收支范围，调动了地方进行财政创收和经济发展的积极性。

在计划经济时期，国营企业的所有利润都要上缴给国家，计划经济向社会主义市场经济的体制转轨使得改变这种平均主义“大锅饭”变得迫切。为此，“利改税”改革开始实施。“利改税”使得国营企业可以按照规定好的税率上缴所得税，这就从法律形式上确认了国家和企业的关系，调动了企业的积极性。“利改税”改革从 1983 年 1 月 1 日起开始实施第一步改革，并在 1984 年 10 月 1 日起实施第二步改革。受“利改税”改革的影响，“分灶吃饭”的财政预算管理体制也由“划分收支、分级包干”体制变为了“划分税种、核定收支、分级包干”体制。在此阶段，中央与地方政府按照“利改税”改革设置的税种进行划分。具体的税种和收入划分如表 2－2 所示。

表 2 - 2 1985—1987 年中央和地方财政收入划分

中央财政固定收入	产品税、增值税、营业税的 70%（石油部、电力部、石化总公司、有色金属工业总公司所属企业）；中央国营企业的所得税、调节税；海洋石油、外资、合资企业的工商税、所得税和矿区使用费；关税和海关代征工商税；铁路、民航、邮电部门和各银行总行、保险总公司的营业税；中央军工企业和包干企业收入；中央经营的外资企业亏损和粮食、棉花、油超购加价补贴；燃油特别税；国库券收入和国家能源交通重点建设基金和其他收入等
地方财政固定收入	产品税、增值税、营业税的 30%（石油部、电力部、石化总公司、有色金属工业总公司所属企业）；地方国营企业的所得税、调节税；集体企业所得税；农（牧）业税；车船使用牌照税；城市房地产税；牲畜交易税；契税；地方企业包干收入；地方经营的粮食、供销企业亏损；税款滞纳金、补税罚款收入和其他收入等
中央与地方共享收入	产品税、增值税、营业税（均不包括石油部、电力部、石化总公司、有色金属工业总公司所属企业以及铁道部和各银行总行、保险总公司缴纳的部分）；外资和中资合资企业（不含海洋石油企业）缴纳的工商税、所得税；个人所得税；资源税；建筑税；盐税；国营企业奖金税等

资料来源：陈雨露、郭庆旺，《新中国财政金融制度变迁事件解读》，中国人民大学出版社，2013。

1988—1993 年是“分灶吃饭”的财政预算管理体制的第三个阶段。这个阶段的“分灶吃饭”体制是多种形式的财政包干制度并存。此时各省根据自身经济发展状况选择不同的财政包干办法，其中主要是 6 种财政包干方式：“收入递增包干”办法、“总额分成”办法、“总额分成加增长分成”办法、“上解额递增包干”办法、“定额上解”办法和“定额补助”办法。具体各地区的包干情况如表 2 - 3 所示。

表 2-3　1988 年财政包干情况

包干方式	地区
收入递增包干	实行的地区、留成比例和收入递增率
	北京市 50% 和 4%；河北省 70% 和 4.5%； 辽宁省（不含沈阳市和大连市）58.25% 和 3.5%； 沈阳市 30.29% 和 4%；哈尔滨市 45% 和 5%； 江苏省 41% 和 5%；浙江省（不含宁波市）61.47% 和 6.5%； 宁波市 27.93% 和 5.3%；河南省 80% 和 5%； 重庆市 33.5% 和 4%
总额分成	实行的地区、留成比例
	天津市 46.5%；山西省 87.55%；安徽省 77.5%
总额分成加增长分成	实行的地区、留成比例、增长分成比例
	大连市 27.74% 和 27.26%；青岛市 16% 和 34%； 武汉市 17% 和 25%
上解额递增包干	实行的地区、上解基数、递增比例
	广东省 14.13 亿元和 9%；湖南省 8 亿元和 7%
定额上解	实行的地区、上解额
	上海市 105 亿元；山东省（不含青岛市）2.89 亿元； 黑龙江省（不含哈尔滨市）2.99 亿元
定额补助	实行的地区、补助额
	吉林省 1.25 亿元；江西省 0.45 亿元；福建省 0.5 亿元（1989 年开始执行）；陕西省 1.2 亿元；甘肃省 1.25 亿元；海南省 1.38 亿元；内蒙古自治区 18.42 亿元；广西壮族自治区 6.08 亿元；贵州省 7.42 亿元；云南省 6.73 亿元；西藏自治区 8.98 亿元；青海省 6.56 亿元；宁夏回族自治区 5.33 亿元；新疆维吾尔自治区 15.29 亿元；湖北省（不含武汉市）按当年武汉市决算收入的 4.78% 给予补助；四川省（不含重庆市）按当年重庆市决算收入的 10.7% 给予补助

资料来源：陈雨露、郭庆旺，《新中国财政金融制度变迁事件解读》，中国人民大学出版社，2013。

类似于前两轮财政体制改革，众多的隶属中央的国有企业被下放到地方政府，地方政府被赋予了多项经济发展的责任，能更为自由地决定辖区内的经济发展事项。同时，中央银行和专业银行的分离为地方政府发展经济提供了必要的资金。

这次财政体制改革也是各种经济特区设立的起点。1980 年 5 月，中共中央和国务院将深圳、珠海、汕头和厦门设立为 4 个经济特区。深圳、珠海和汕头位于广东省，与香港、澳门地区相邻，厦门位于福建省，与台湾隔海相望。经济特区的设立体现了改革开放“摸着石头过河”的实验精神，4 个经济特区被授予了相当多的经济发展自主权，不仅能获得税收方面的优惠，还能享受相对宽松的政策和制度环境。

另外，本轮财政体制改革涌现了乡镇企业这一新事物。乡镇企业是指农民或者农村集体经济组织在乡镇（包括所辖村）投资兴办的各类企业。乡镇企业承担着支援农业的义务，是中国乡镇地区各层次合作企业和个体企业的统称。具体来说，乡镇企业包括村办企业、乡镇办企业、个体企业、农民联营的合作企业、其他形式的合作企业五类。从行业来说，乡镇企业涉及农业、交通运输业、服务业、建筑业和商业等。20 世纪 80 年代以来，伴随着财政体制改革的不断推进，乡村政府有很强的意愿发展乡村工业建立自己的税基。家庭联产承包责任制等农村领域的改革大大提高了农村生产率，释放了大量农村劳动力，为乡镇企业的蓬勃发展提供了原始积累。

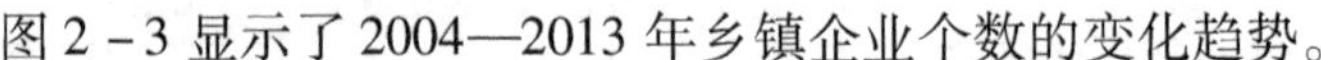
图 2－3 显示了 2004—2013 年乡镇企业个数的变化趋势。

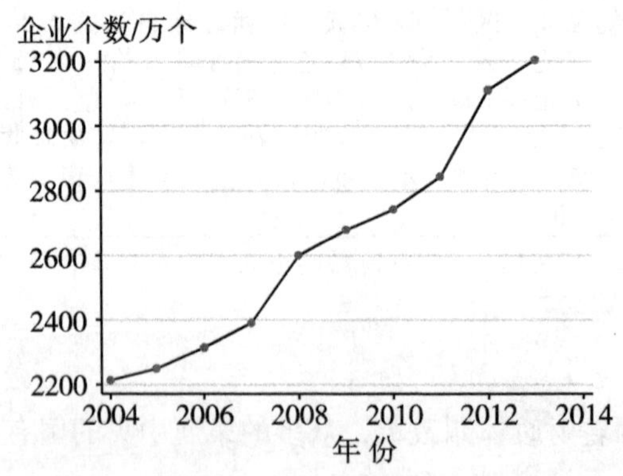

图 2－3　2004—2013 年乡镇企业个数变化趋势

数据来源：《中国农业年鉴》。

从图中可以看出，乡镇企业个数在逐年上升。2004 年乡镇企业个数为 2213.22 万，到了 2013 年已经达到 3204.4 万。从产值来看，1978 年，社队企业总产值只相当于当年农业总产值的 37% 左右。到 1987 年，暨乡镇企业发展的第一个“黄金时期”，乡镇企业中二、三产业产值合计增加到 4854 亿元，这相当于农业总产值的 104%，首次超过了农业总产值。到 2007 年，乡镇企业增加值已占农村社会增加值的 68.68%，成为支撑农村经济最坚实的支柱①。图 2－4 显示了 2004—2013 年乡镇企业产值的变化趋势。从产值来看，乡镇企业的发展非常迅猛。2004 年乡镇企业的总产值为 172516.73 万元，到了 2013 年已经达到了 666047.1 万元，增加了两倍多。作为有生产自主权的经济实体，乡镇企业规模较小，生产点分散，生产、销售和供给活动都主要依赖于市场安排，能随着市场环境的变化灵活改变经营范围。乡镇企业扎根于农村，与周边地区有着非常紧密的联系，从而可以便利地利用各种资源。由于乡镇企业的技术及设备都相对简陋，大量的技能相对较低的农村剩余劳动力也被吸纳进入。这些特点都使得乡镇企业具有极强的生命力，能不断适应不断变化的外部环境。乡镇企业的快速发展对中国经济高速增长起到了重要的推动作用。一方面，乡镇企业为农民的就业创业提供了新办法，缓解了农村就业压力，提高了农民收入和生产率，缩小了城乡收入差距，推动了农村劳动力结构的升级。图 2－5 显示了乡镇企业年末就业人数的变化趋势。图中数据显示，乡镇企业吸纳的就业人数也在不断增加，从 2004 年的 13866.17 万人增加到 2013 年的 16642.5 万人。乡镇企业为农民就业开辟了新渠道。另一方面，乡镇企业充分利用了农村资源，通过从事农副产品加工、资源开发、劳动密集型和轻型加工等产业，与城市大工业加工形成了相互补充的关系，相互依存的产业结构使得我国形成了完整的产业链，大大降低了生产成本，促进了资源

① 数据来自中华人民共和国农业农村部。

利用效率的提高。

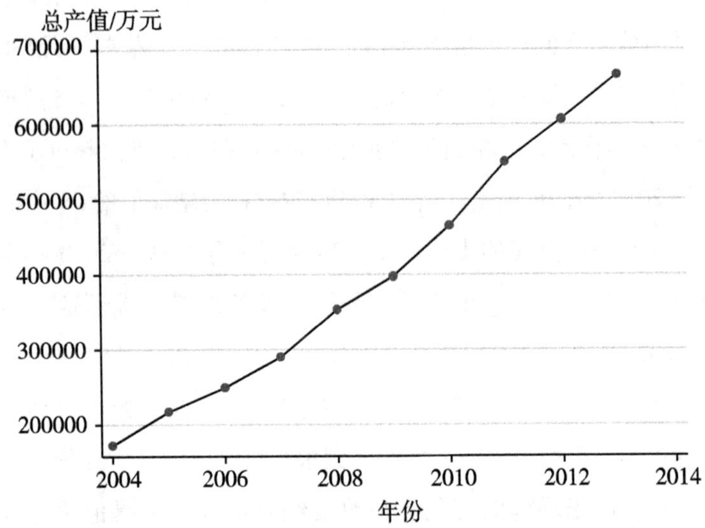

图 2－4　2004—2013 年乡镇企业产值变化趋势

数据来源：《中国农业年鉴》。

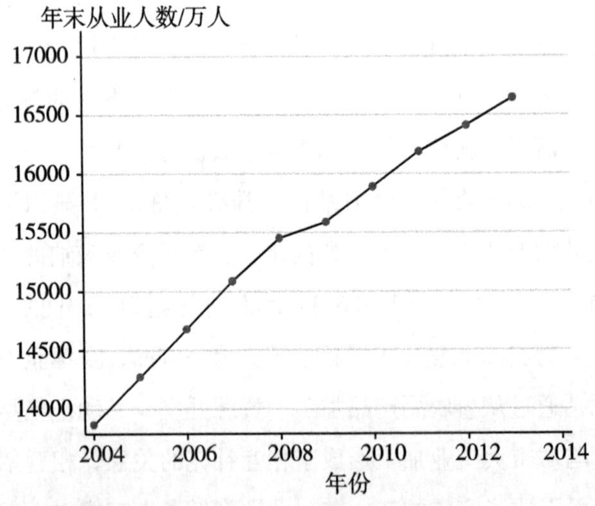

图 2－5　乡镇企业年末就业人数变化趋势

数据来源：《中国农业年鉴》。

（2）分税制改革。

分税制改革被认为是中华人民共和国成立以来影响最为深远的一次财税体制改革。分税制要对中央的财政关系进行一次大范围调整，其牵涉的利益关系十分庞杂，因此改革的内容也很多。总的来说，分税制改革涉及政府间财政收支责任的划分、转移支付制度的建立、国企利润分配制度和税收征收管理制度等多个方面。分税制的基本方案如表 2 –4 所示。

表 2 –4　分税制改革关于政府间财政收支责任安排的具体做法

	财政支出责任安排	财政收入责任安排
划分原则	中央财政主要承担国家安全、外交和中央国家机关运转所需经费，调整国民经济结构、协调地区发展、实施宏观调控所必需的支出，以及由中央直接管理的事业发展支出；地方财政主要承担本地区政治机关运转所需支出，以及本地区经济、事业发展所需支出	将维护国家权益、实施宏观调控所必需的税种划分为中央税，将适合地方征管的税种划为地方税，将与经济发展密切相关的主要税种收入划为中央与地方共享税
中央财政支出（中央税）	国防费，武警经费，外交和援外支出，中央级行政管理费，中央统管的基本建设投资，中央直属企业技术改进和新产品试制费，地质勘探费，由中央财政安排的支农支出，国内外债务的还本付息支出及由中央本级负担的公检法、文化、教育、卫生和科学支出	国内消费税、关税、进口环节增值税和消费税、车辆购置税和车船吨税
地方财政支出（地方税）	地方行政管理费，公检法支出，部分武警经费，民兵事业费，地方统筹的基本建设投资，地方企业技术改进和新产品试制费，支农支出，城市维护建设支出，地方文化、教育和卫生支出，价格补贴支出和其他支出	城镇土地使用税、耕地占用税、土地增值税、房产税、城市房产税、车船使用税、车船使用牌照税、契税

续表

	财政支出责任安排	财政收入责任安排
中央与地方共享税		国内增值税（中央与地方分别占75%和25%） 营业税：铁道部、各银行总行、各保险总公司集中缴纳的部分（中央100%），其余部分（地方100%） 企业所得税：铁道部、各银行总行、海洋石油企业缴纳的部分（中央100%），其余部分（地方100%） 个人所得税：储蓄存款利息所得的个人所得税收入（中央100%），其余部分（中央和地方分别占60%和40%） 资源税：海洋石油企业缴纳的部分（中央100%），其余部分（地方100%） 城市维护建设税：铁道部、各银行总行、各保险总公司集中缴纳的部分（中央100%），其余部分（地方100%） 印花税：证券交易印花税收入（中央占94%，地方占6%） 其他印花税收入（地方税100%）

资料来源：陈雨露、郭庆旺，《新中国财政金融制度变迁事件解读》，中国人民大学出版社，2013。

分税制改革重新树立了良好的中央和地方的财政分配关系。图2－6显示了1978年以来中央财政收入和地方财政收入占总财政收入的比重变化。从中可以明显地看到在1994年中央和地方财政收入占总财政收入的比重发生了逆转。中央财政收入占总财政收入的比重由1993年的22%上升到了1994年的55%，地方财政收入占总财政收入的比重则由78%左右下降到了45%。分税制改革的效果非常显著。

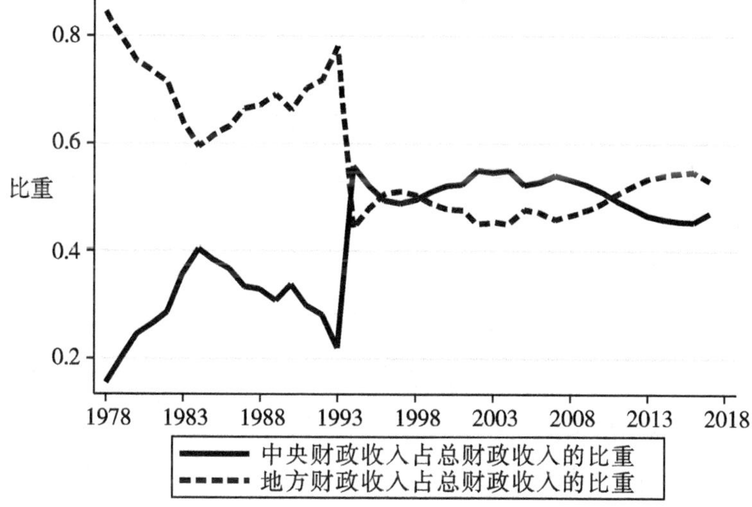

图 2－6　1978 年以来中央和地方财政收入占总财政收入的比重变化

数据来源：《中国统计年鉴》。

图 2－7 呈现了中央和地方财政支出占总财政支出比重的变化。在 2000 年以后，地方财政支出占总财政支出比重接近 80%。最近几年地方财政支出占总财政支出比重稍有下降，但仍然有将近 70% 左右的财政支出由地方政府承担。

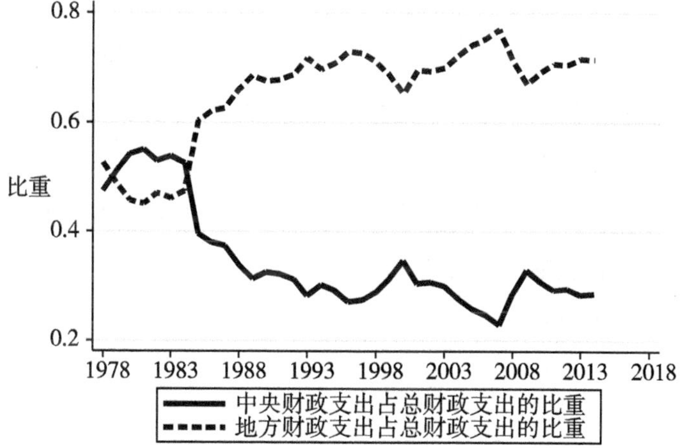

图 2－7　中央和地方财政支出占总财政支出比重的变化

数据来源：《中国统计年鉴》。

（二）财政压力

1994 年以来的分税制改革是影响最为深远的一次财政预算管理体制改革，它加强了中央政府进行宏观经济调控的能力。但分税制改革加大了地方政府的财政压力。

1. 财政压力概述

中央政府和地方政府及政府间的职责和权益有比较明确的划分，各级政府自主决定财政收入和支出的规模和结构。当一级政府的财政收入与财政支出需求出现持续紧张的状态时，即出现了财政压力。财政压力主要是指政府的财政收入无法满足财政支出的支付，财政资源出现流动性困难。当财政压力过大时，政府的财政资金无法满足财政支出的需求，便无法履行正常的政府职能。财政压力是与政府间财政关系密切相关的概念，财政资源与事权在各级政府间的分配影响着各级政府财政收入及支出规模和结构的变化，从而影响着各级政府面临的财政压力。随着分税制改革的深入，地方政府的支出责任却没有太大变化，财政压力加重。政府间财政关系的变化是财政压力变化的原因。

2. 财政压力的度量

财政压力主要衡量的是政府财政资源流动性困难程度的大小，一般只涉及某一级政府。文献中，衡量财政压力主要有以下几个指标。

（1）财政收支压力。

当财政收入无法覆盖财政支出时，就产生了财政压力，因此可以用财政收支压力衡量财政压力的大小。

计算公式如下：

$$P_{it} = \frac{E_{it}}{I_{it}} \qquad (2-1)$$

其中，P 表示财政压力，E 表示政府预算内财政支出，I 表示预算内财政收入，t 表示时间，i 表示地方。若该指标大于 1，则表明财政支出超过财政收入，政府面临财政收支不平衡，收支不平衡越大，财政压力越大。

（2）财政缺口。

财政缺口是另一种度量财政压力的指标，其计算公式如下：

$$P_{it} = \frac{I_{it} - E_{it}}{I_{it}} \qquad (2-2)$$

其中，P 表示财政压力，E 表示政府预算内财政支出，I 表示预算内财政收入，t 表示时间，i 表示地方。该公式的分母也可以改用 GDP 或不采用比重的形式，而是直接采用分子的绝对值衡量财政压力。

（3）社会性固定资产投资占财政支出比。

也有文献采用社会性固定资产投资占财政支出比作为衡量财政压力的指标（刘建勇等，2015）。其计算公式如下：

$$P_{it} = \frac{C_{it}}{E_{it}} \qquad (2-3)$$

其中，P 表示财政压力，E 表示政府预算内财政支出，C 表示社会性固定资产投资额，t 表示时间，i 表示地方。政府是城市基础设施建设的投资者，其所负担的社会性固定资产投资额越大，财政压力也就越大。

（4）债务余额占财政收入比。

债务余额占财政收入比也可以用来衡量财政压力，其计算公式如下：

$$P_{it} = \frac{D_{it}}{I_{it}} \qquad (2-4)$$

其中，P 表示财政压力，I 表示预算内财政收入，D 表示年末政府负有偿还义务的债务余额，t 表示时间，i 表示地方。这个指标反映的是政府的偿债压力，偿债压力越大，财政压力也越大。

一般来说，前两种指标是最为常用的度量财政压力的指标。

3. 财政压力的实证分析

地方政府作为地方公共产品的主要供给者，其行为会受到许多因素影响，其中最为重要的就是财政压力。财政压力影响着地方政府的税收行为、与企业的互动关系、预算决策、环保管制行为、人口流动，以及地区的经济增长。

（1）财政压力与税收行为。

当地方政府承受了财政压力时，其最明显的行为变化是其税收行为的改变。陈晓光（2016）研究发现财政压力越大的区县，其税收征管程度会加大。地方政府会加强税收征管获得税收收入以弥补损失的税基。何炜和雷根强（2018）利用2005—2015年31个省份的省级数据，采用空间动态面板模型，从人口负担、社会性支出负担和财政自给率三个角度对财政压力与增值税税收转移的关系进行检验。他们的研究表明，在生产地原则下，增值税税收存在由消费地向征收地转移的现象。增值税税收会由财政压力大的地区转向财政压力小的地区，形成了税收收入的“马太效应”。其中，社会性支出负担对税收转移存在负向强化，财政自给率则对税收转移存在正向强化。

（2）财政压力与企业行为。

企业作为主要的经济实体，是经济活动的主要参与者。在中国，地方政府掌控着企业所需的各种资源的配置渠道，政府与企业的联系十分紧密。因此，当财政压力改变了政府行为时，也会对企业造成影响。曹春方等（2014）从实证的角度验证了财政压力对地方国企过度投资行为的影响。研究认为，财政压力导致地方国企过度投资。李睿和梁超（2015）利用面板门槛模型进行经验研究发现，在信贷市场化程度较低时，财政压力对所有制结构并不起作用，只有在信贷市场化程度较高且政府的预算约束被硬化时，财政压力才会有效促进非国有制经济占比的提高，这表明了硬化预算约束的重要性。刘建勇等（2015）以证券市场2010—2013年发放委托贷款的上市公司为样本，实证考察了地方财政压力、融资平台举债与上市公司委托贷款流向的关系。研究发现，地方的财政压力越大，上市公司委托贷款越易流向地方政府融资平台，这个结论在控制了与委托贷款相关的公司特征的影响后依然成立。于文超等（2018）基于世界银行 2012 年中国企业的调查数据，考察了税务部门的税收征管、地方的财政压力及企业融资约束的关系。研究发现，地方政府前一年承受的财政压力越大，辖区内企业当年面临的税务检查的概率和次数会越高。平均而言，接受了税务检查的企业，其经营遇到融资困难的可能性会上升 14%，法制环境的改善可以显著减弱这一负面效应。卢洪友和谭维佳（2015）则研究了地方财政压力对企业捐赠行为的影响。研究发现，地方政府的财政压力越大，地区企业的捐赠行为会越活跃，而国有产权可以减弱这种影响。

（3）财政压力与环境保护。

改革开放 40 年来，中国的经济增长取得了长足的进步。然而在经济增长稳步提升的同时，经济发展与环境污染的矛盾也日渐尖锐与激化，探究环境污染的成因变得愈发重要。环境污染具有明显的负外部性，需要政府支出进行治理。地方政府受到财政压力的影响，也会改变其环境治理行为。席鹏辉等（2017）利用 2003—2011 年各地市进行的增值税分成变化检验了财政压力的环境污染效应，发现地方财政压力的增加显著地提高了工业污染水平，这种环境污染效应不仅只是由于地方工业企业数量的增加，也有地方放松环境规制以吸引更多污染密集型企业的因素。此外，国有企业是地方扩大工业规模的主要路径。谢贞发等（2017）研究认为，财政压力大的县，其第二产业尤其是工业产值实现了更快增长，这种财政压力的工业增长效应更多发生在工业基础薄弱和财政自给率高的地区，放松环境规制是地方政府实现工业增长效应的重要手段。

（4）财政压力与预算决策。

Bozeman 和 Straussman（2000）认为，地方政府的财政状况会极大地影响其预算决策。虽然现实生活中政府预算决策过程包括自上而下和自下而上两方向的操作交织并行，但其相对力量的大小和最终结果将取决于财政状况及其关联因素。一般来说，在各级政府的财政状况都较为宽裕时，自下而上的预算决策模式很少受到挑战。但当政府面临较大的财政压力时，政府通常会采取自上而下的决策模式来节制和压缩总体预算规模。

（5）财政压力与人口流动。

由于地方政府需要保障本地居民的许多公共服务，人口流入也会使地方政府承受一定的财政压力。表 2－5 显示了 2012 年上海市基本公共服务享受资格和财政补贴标准。从表 2－5 可知，上海市政府除了需要承担未成年的义务教育生均公用经费，还需要承担廉租房租金补贴、城镇居民基本医疗保险筹资补贴、城镇居民社会养老保险筹资补贴和最低生活保障，而这只是最基本的保障水平。其他城市的情况与上海类似，只是保障金额上有所区别。张力和吴开亚（2013）在诠释市民待遇含义的基础上，根据本地户籍人口与非户籍人口在享受市民待遇上的差别及公共财政需要负担的市民待遇，量化出全国不同区域、不同经济发展水平的 45 个城市自由落户的财政成本。其测算结果如表 2－6 所示。他们认为，自由落户下城市基本公共服务成本的增加主要取决于外来人口的结构而非外来人口的规模，只简单考虑外来人口总量、忽视外来人口结构的影响会低估自由落户的资金缺口。受地区间公共资源丰度差异大、人口流动极化倾向明显、规范化的财政转移支付尚未形成、市民待遇可携带性差的现实制约，自由落户所需的稳定的地方财政保障是城市自身无法有效破解的难题。城市自由落户的实施亟待建立由顶层主导的自上而下的基本公共服务成本分摊机制。

表 2－5　2012 年上海市基本公共服务享受资格和财政补贴标准

<table>
<tr><th rowspan="3">项目</th><th colspan="5">享受资格</th><th colspan="2">财政补贴</th></tr>
<tr><th colspan="2">在业人员</th><th colspan="3">非在业人员</th><th rowspan="2">标准/（元/人/年）</th><th rowspan="2">最长补贴年限</th></tr>
<tr><th>受雇</th><th>自雇</th><th>成年</th><th>未成年（小于 18 岁）</th><th>老年（大于 60 岁）</th></tr>
<tr><td>1. 义务教育生均公用经费</td><td>无</td><td>无</td><td>无</td><td>有</td><td>无</td><td>1900</td><td>9</td></tr>
<tr><td>2. 廉租房租金补贴</td><td>无</td><td>无</td><td>有</td><td>有</td><td>有</td><td>2160 ~ 10320（取决于房屋区位）</td><td>无限定</td></tr>
<tr><td>3. 城镇居民基本医疗保险筹资补贴</td><td>无</td><td>无</td><td>有</td><td>有</td><td>有</td><td>640 ~ 2900（取决于受保人年龄）</td><td>无限定</td></tr>
<tr><td>4. 城镇居民社会养老保险筹资补贴</td><td>无</td><td>无</td><td>有</td><td>无</td><td>有</td><td>200 ~ 525（取决于个人缴费档次）</td><td>15</td></tr>
<tr><td>5. 最低生活保障</td><td>无</td><td>无</td><td>有</td><td>有</td><td>有</td><td>7680</td><td>无限定</td></tr>
</table>

资料来源：张力和吴开亚．城市自由落户的地方公共财政压力分析［J］．中国人口科学，2013，6。

表 2－6　2012 年城市基本公共服务成本

城市	基本公共服务成本排序		年度标准/（元/人）	公共财政负担/（元/人）			城市落户“门槛”指数排序
	按年度标准下限	按年度标准上线		成年非在业人口	未成年人	老年人	
北京	1	1	22769～34769	72030～132030	150051～210051	72030～132030	3
深圳	2	4	14300～16814	46800～60270	91350～103470	46800～60270	2
上海	3	2	11940～23325	55400～112375	69500～121600	55400～112375	1
天津	4	6	11330～13160	52850～62200	59780～69040	52850～62200	11
杭州	5	8	11256～12306	54030～58780	58230～64030	54030～58780	7
苏州	6	12	10055～10560	48750～51450	52095～54780	48750～51450	8
宁波	7	5	10050～13266	48100～65580	52150～67830	48100～65580	13
哈尔滨	8	9	9980～11360	47000～53700	52310～59430	44700～53700	35
南京	9	7	9616～12346	47240～59640	49400～64050	47240～59640	15
大连	10	14	9180～9740	42450～45150	48750～51900	42450～45150	9
青岛	11	13	9150～10170	42550～46650	48400～54300	42550～46650	5
厦门	12	10	8065～11310	37125～51900	43020～60540	37125～51900	6
沈阳	13	19	7888～8088	36690	41730～43530	36690	24
济南	14	18	7770～8500	35650～38800	41500～45700	35650～38800	14
福州	15	15	7487～9337	34485～44435	39885～48785	34485～44435	18

续表

城市	基本公共服务成本排序		年度标准/（元/人）	公共财政负担/（元/人）			城市落户“门槛”指数排序
	按年度标准下限	按年度标准上线		成年非在业人口	未成年人	老年人	
广州	16	11	7474～10995	35018～64625	39968～51575	35018～64625	4
长沙	17	21	7450～7560	35050～36300	39100～39300	35050～36300	33
郑州	18	17	7290～9145	35900～45450	37070～46425	35900～45450	40
成都	19	22	7050～7490	32050～33250	37900～40900	32050～33250	19
吉林	20	27	7032～7214	32460～34070	37410～37970	32460～34070	31
长春	21	28	6935～7105	31974～33524	36924～37424	31974～33524	21
嘉峪关	22	23	6800～7460	32800～39100	35300～37450	32800～39100	45
呼和浩特	23	24	6750～7404	30690～35200	36750～39400	30690～35200	38
海口	24	31	6690～7000	31750～33300	34900～36750	31750～30103	17
武汉	25	29	6541～7098	29755～32540	35155～37940	29755～35770	20
石家庄	26	35	6388～6689	28088～30103	35108～36358	28088～31550	26
合肥	27	25	6290～7320	30610～35770	37900～43060	30610～35770	23
秦皇岛	28	33	6215～6825	28600～31550	33145～36545	28600～31550	12
南宁	29	37	6150～6565	28900～30925	32320～34570	28900～30925	16
芜湖	30	32	6085～6865	29600～32500	31625～36325	29600～32500	34

续表

城市	基本公共服务成本排序		年度标准/（元/人）	公共财政负担/（元/人）			城市落户“门槛”指数排序
	按年度标准下限	按年度标准上线		成年非在业人口	未成年人	老年人	
九江	31	36	6090 ~ 6585	28750 ~ 30675	31900 ~ 34950	28750 ~ 30675	36
重庆	32	3	6010 ~ 17160	26850 ~ 32700	32700 ~ 38700	26850 ~ 32700	28
昆明	33	34	5908 ~ 6810	28690 ~ 34000	30280 ~ 34390	28690 ~ 34000	27
遵义	34	30	5890 ~ 7030	25010 ~ 27170	30500 ~ 36650	25010 ~ 27170	44
西安	35	39	5670 ~ 6390	27350 ~ 32950	29330 ~ 31930	27350 ~ 32950	10
湘潭	36	20	5282 ~ 7576	24210 ~ 35580	28260 ~ 40080	24210 ~ 35580	42
贵阳	37	40	5171 ~ 5590	24655 ~ 30050	26905 ~ 33050	24655 ~ 30050	41
银川	38	43	4835 ~ 5101	22550 ~ 25580	25565 ~ 26045	22550 ~ 25580	39
南昌	39	16	4677 ~ 9167	19850 ~ 43000	26299 ~ 48399	19850 ~ 43000	30
乌鲁木齐	40	44	4617 ~ 4882	19885 ~ 21910	25735 ~ 26710	19885 ~ 21910	37
绵阳	41	45	4600 ~ 4860	20050 ~ 22050	25450 ~ 26400	20050 ~ 22050	43
洛阳	42	41	4540 ~ 5325	21850 ~ 26050	23470 ~ 27475	21850 ~ 26050	25
太原	43	38	4349 ~ 6548	20665 ~ 32460	22669 ~ 33264	20665 ~ 32460	29
兰州	44	42	3825 ~ 5293	18340 ~ 31680	20113 ~ 24453	18340 ~ 31680	32
西宁	45	26	3555 ~ 7271	15074 ~ 34105	20024 ~ 38380	15074 ~ 34105	22

资料来源：张力和吴开亚．城市自由落户的地方公共财政压力分析[J]．中国人口科学，2013，6。

（6）财政压力与经济增长。

地方政府是地方经济增长的重要推动者。当财政压力影响了地方政府行为时，也会影响地方的经济增长。陈思霞等（2017）利用2002年的所得税分享改革和城市一级的卫星灯光数据，采用强度双重差分模型实证检验了财政压力与经济增长的关系。研究认为，财政压力显著提高了地区的经济增长，但在财政转移支付净流入地区，这种财政压力的经济激励效应并不存在。在财政压力下，地方政府倾向于支持能获得高税收收入行业的发展。古志辉和蔡方（2005）通过建立动态最优化和博弈论模型，从理论角度论证了提高财政收入是国有企业改革和利税改革的主要原因。代谦和别朝霞（2015）使用宋朝（960—1279年）的历史数据，利用"靖康之变"的历史事件识别了财政压力对经济结构和经济增长的影响。结果发现"靖康之变"使宋朝丢失了传统的农耕区，导致田赋收入大幅度减少，这种财政压力的变化对宋朝经济产生了深远的影响，经济开始倚重非农产业，商品经济更加繁荣，经济的货币化程度加深。

（三）"省直管县"改革与地方公共服务供给的实证分析

为了考察体制改革如何影响地方政府的公共服务供给，尤其是公共教育的供给，本小节利用"省直管县"改革实验，使用2000—2007年县级层面和地市级层面的数据，从实证上验证体制改革的影响。

1."省直管县"改革的基本情况

从2002年起，浙江、湖北、广东等地又开始了探索新一轮的体制改革，具体形式包括"扩权强县""县财省管"等。"省直管县"改革通过减少政府层级，扩大县级政府经济管理和财政上的自主权。不断涌现的简政放权新趋势为我们研究各级政府间关系和基层政府教育供给行为提供了一个良机。

中华人民共和国成立初期，市与县事实上并不存在隶属关系，此时的市主要是作为工业中心存在，而县则是农业中心，市与县处于分治的管理模式。后来，为了解决大城市中蔬菜和粮食等农副产品的供给问题，个别城市开始实行“市管县”体制，但也仅限于直辖市、省会城市或者个别大城市。此时，市管辖的县的数量也非常少，一般一个市只管辖一个县。

1959 年，《关于直辖市和较大的市可以领导县、自治县的决定》在全国人大二届九次会议上通过。这次会议上对“市管县”体制的肯定使得全国掀起了实行这种体制的高潮，几乎所有的直辖市、省会城市和大城市都采取了这种体制，辽宁、河北等省份更是率先在全省推广“市管县”。

1982 年，中共中央发布《改革地区体制，实行市领导县体制的通知》，肯定了辽宁省在经济发达地区实行的“市管县”体制取得的成就。基于“以城带乡、城乡互补、协同发展”的设想，国务院批准江苏省在当年全省实行，并于 1983 年开始全国试行。此后，市管县的体制被广泛推行，形成了“中央—省—地级市—县—镇”的五级政府管理模式。事实证明，市管县体制在初期对我国的经济发展，社会进步和政治稳定都曾发挥过积极作用，推动了中心城市的建设和形成，强化了人们对区域经济中心重要性的认识和对城市的归属感（张占斌，2009）。然而，随着经济发展、城市化进程加速，市管县体制的实际的效果并未达到预期。

中央政府出台一系列的改革措施，其中一项便是农村税费改革。农村税费改革从 2000 年开始，到 2006 年以减征、免征、停征农业税为终点，目的在于减轻农民负担，促进农民增加收入。农村税费改革正税清费，弱化了乡镇级财政，上级政府为了保障农业税费改革顺利进行，大量增加了对县的转移支付。2005 年 6 月，全国农村税费改革工作会议指出：具备条件的地方，可以推进“省直管县”财政管理体制和“乡财县管乡用”财政管理方式的改革试点。之后，党和国家的重要文件中多次出现“省直管县”改革的内容，《中华人民共和国国民经济和社会发展第十一个五年规划纲要》提出：理顺省级以下财政管理体制，有条件的地方可实行省直接对县的管理体制。《中共中央国务院关于2009年促进农业稳定发展农民持续增收的若干意见》中也提出要推进省直接管理县财政体制改革，将粮食、油料、棉花和生猪生产大县全部纳入改革范围。《国务院关于推进社会主义新农村建设的若干意见》也提到要推进省以下的财政体制改革，鼓励有条件的地区探索“省直管县”的体制，激活县域经济发展。

“省直管县”改革指的是省市县行政关系由“省—市—县”三级体制转变为“省—市县”两级体制。不少省份先后开展了积极的尝试和实践，积累了丰富的改革成果。从改革路径来看，试点做法包括以下三个方面：一是“扩权强县”，主要是把地级市的部分社会经济管理权限下放到县，内容涉及计划管理、经费安排、项目申报、用地报批等方面，在经济管理方面形成省直管县的格局；二是“县财省管”，在收支划分、转移支付、预算决算、债务管理等财政领域，实行省对县的直接管理；三是“行政直管”，即行政级别就是省直接管理县，没有地级市这一层级，县级的经济管理和财政体制，以及主要领导也是由省直接管理。海南省由于地小人少的原因，从1998年建省以来就没有实行过市管县，是行政直管的典型例子，因此，这种做法也被称为“海南模式”。在“海南模式”中，省、县两级之间没有中间机构，地市级政府负责的是市区辖区的管理，县、市两级只有行政等级的区分，没有从属关系。省级政府将各种事权、财权下放至县级政府，直接对接县级政府各部门。目前，已有20多个省份（自治区）启动了扩大县级政府经济社会管理权限和财政体制省直管县的试点。2014年，河南、吉林等省在已有基础上继续深化改革，进入了行政体制层面，全面进行省直管县改革试点。2015年3月，湖南省也提出在加快推进新型城镇化的重点地区，试点探索建立事权、财权、行政权三权统一的省直管县管理体制。

“省直管县”改革的经济绩效如何呢？为了考察改革是否实现“增强县域经济活力”的目标，研究者和政策制定者有必要从经验研究的角度评估改革产生的效果。才国伟和黄亮雄（2010）的研究表明，省直管县改革显著提高了县级财政支出和经济增长速度。但是经济上的“扩权强县”和财政上的“县财省管”作用不同。“县财省管”更能促进财政支出，而“扩权强县”则对经济增长的作用更大。若“县财省管”和“扩权强县”共同实施，对于财政支出和经济增长的作用都会更大。郑新业等（2011）基于河南省的数据，发现“省直管县”改革提高了被直管县的经济增长率1.3个百分点。李猛（2012）的研究进一步发现只有在县乡财政状况得到明显缓解时，“省直管县”改革才会对经济增长有促进作用。袁渊和左翔（2011）通过浙江和福建两省企业层面的微观数据，验证了“扩权强县”对浙江省县辖企业的发展有显著的推动作用，且对县辖区内的非国有企业的影响都要高于国有企业。“扩权强县”不但促进了县域经济增长，同时对市场化改革有正面作用。这些文献比较一致地认为“省直管县”改革有利于县域经济增长。

“省直管县”改革由各省政府分层次地逐步推进，这样的数据结构使得我们可以把改革视为“准自然实验”（Quasi－natural Experiment），并使用经济学中广泛应用于政策评估的方法——双重差分模型。因此，我们能够解决大多数相关研究的内生性的问题，提供“省直管县”改革对政府教育供给影响更为精准的估计，并且考察改革是否能够降低地级市所辖区县教育不均衡，推动城乡公共服务共同发展。

2. 计量模型与变量说明

（1）基本计量模型设定。

我们可以利用“省直管县”改革作为外生实验，采用双重差分方法来识别“省直管县”改革对公共教育供给的影响。自从Ashenfelter和Card（1985）开创性的研究以来，双重差分模型在改革效果评估方面得到了广泛的应用。其主要思路是，一项改革的实施使得社会中部分群体受到了某种影响，而另一部分群体则可能没有受到任何影响，或受到的影响非常小，因此外生的改革就可以类比为自然实验中对实验的对象施加某种“处置”（Treatment）。如果一项改革可以被视为自然实验，那么通过对受到改革影响的群体——处置组（Treatment Group）和没有受到改革影响的群体——对照组（Control Group，或者称为控制组）进行比较，就可以评估该项改革产生的效果。

假设 y 是我们关心的结果变量，D = 1 或 0 分别代表个体是否接受“处置”（Treated），处置后所产生的因果效应就可以表示为 E（y | D = 1）– E（y | D = 0）。我们设定计量模型：

$$y_{it} = \beta_0 + \beta_1 D_{it} + X_{it}\gamma + \lambda_i + \mu_i + \varepsilon_{it} \tag{2-5}$$

其中，D_{it}是虚拟变量，代表个体 i 在 t 期是否接受“处置”，X 是其他一些有可能影响 y 的变量，μ_i 和 λ_i 分别为观察不到的个体效应和时间效应，ε_{it}为随机干扰项。

如果处置组和对照组的分配独立于个体异质性，有 E（v | D，X） = 0（v = μ + ε，可以看作复合干扰项），混合普通最小二乘法（Pooled OLS）可以给出下列模型设定中参数的一致估计：

$$y_{it} = \beta_0 + \beta_1 D_{it} + X_{it}\gamma + \lambda_i + v_{it} \tag{2-6}$$

为了得到 β_1 的一致估计量，我们只需满足 E（v | D） = 0 就可以了，即保证实验条件于 v 是随机的，β_1 的 OLS 估计量就是一致的，即反映了改革的效果。

如果个体异质性 μ_i 与是否进入处置组相关，从而 E（v | D，X） = 0 难以成立，就会出现内生性问题，导致 β_1 的估计存在偏误。不过，我们有 E（ε | D，X） = 0，那么就应该使用固定效应面板数据模型对模型（2 – 5）进行估计，得到 β_1 的一致估计量，称之为双重差分估计量（DID Estimator）。差分后等价的模型为：

$$\Delta y_{it} = \beta_1 \Delta D_{it} + \Delta X_{it}\gamma + \Delta\lambda_i + \Delta\varepsilon_{it} \tag{2-7}$$

模型（2-7）中双重差分估计量 β_1 刻画了相对于控制组，处置组额外发生的变化。这里的对照组为第 t 年还没有进行改革或第 t-1 年已经改革的，处置组为第 t 年进行改革但 t-1 年并未改革的，通过比较两组发生的变化不同来估计政策的效果。需要注意的是，与经典的双重差分的方法不同的是，这里对照组和处置组可以相互转换。比如，第一批受到改革影响的个体，在改革时它们是处置组，未进行改革的是对照组，但在之后其他的个体发生改革时，由于已经进行改革的个体并没有发生变化，它们又成为新的对照组，而之后进行改革的个体成为新的处置组。

利用双重差分模型进行估计的一个重要假设为，ΔD_{it} 与 $\Delta\varepsilon_{it}$ 不相关，也就是改革前 y 的差异和改革是否发生不相关，这一假设我们会在后文进行相应的检验。

（2）数据和变量描述。

本小节采用的数据来源为《中国县（市）社会经济统计年鉴》《全国县市财政统计资料》，样本区间为 2000—2007 年①。为了降低样本的异质性，对现有数据做以下处理②：一是删除直辖市北京、上海、天津和重庆的样本；二是不包含少数民族自治县、区、旗等样本；三是，不包含西部样本③，因为这些地区与改革地区的差距较大；四是删除数据缺失严重的样本。最后涵盖 16 个省、1059 个县，样本总量为 8472 个。

我们关心的被解释变量 y 为“人均教育支出增长率”④，由 1999—2007 年政府预算内财政教育支出⑤计算得到，数据来源于《全国县市财

① 《中国县（市）社会经济统计年鉴》只涵盖 2000 年以后的数据。而《全国县市财政统计资料》从 2008 年起不再单列政府财政支出的细类，我们无法获得 2008 年后的县级政府教育支出。因此数据样本区间为 2000—2007 年。

② 数据处理方法借鉴才国伟和黄亮雄（2010）。

③ 西部省份（自治区）包括内蒙古、广西、四川、贵州、云南、西藏、陕西、青海、宁夏、甘肃和新疆。

④ 考虑到人均教育支出一直呈现增长趋势，我们使用人均教育支出增长率作为被解释变量，更关心增长的速度。

⑤ 预算内财政教育支出包括教育事业费和教育基本建设支出。由于教育事业费所占比例高达 80% 及数据可得性的原因，本节使用教育事业费作为教育支出的衡量指标。

政统计资料》。我们还把“生均[1]教育支出增长率”作为被解释变量进行稳健性检验。

我们构造省直管县改革虚拟变量 D_{it}，i 县在实行省直管县改革当年和之后的年份都取值为 1，否则为 0。同时，我们还将进一步区分“扩权强县”（D1）与“县财省管”（D2）两种不同形式的改革。改革的数据来源于各地有关“省直管县”改革的政策文本，如《安徽省人民政府关于在宁国等 12 个县（市）开展扩大经济社会管理权限试点工作的通知》（皖政〔2006〕126 号）、《湖北省人民政府关于实行省直管县（市）财政体制改革的通知》（鄂政发〔2004〕20 号）等。

浙江省嘉善县、海盐县等 8 个县市及海南省屯昌县、澄迈县、临高县 3 个县市始终处于已经实行“扩权强县”改革（D1 = 1）的状态。2002 年起，浙江、湖北、河南、广东等省开始逐步推进“扩权强县”改革。至 2007 年已经改革的县市为 538 个，占总样本的 50.8%。浙江和海南两省，一直都实行财政“省直管县”的体制，因此浙江省和海南省的所有县市 D2 始终等于 1。2004 年起，湖北、安徽、吉林等省也开始财政制度上的“省直管县”改革。截至 2007 年，实行“县财省管”的县市达到 426 个，占总样本的 40.2%。同时，完成两项改革的县市为 199 个，占样本总数的 18.8%。可以看出，“省直管县”改革是分层次逐步推进的。这样的数据结构使我们可以把改革视为“准自然实验”，并对其产生的影响进行估计。

我们还将控制其他一些有可能影响教育支出的变量 X，比如人均 GDP、人均 GDP 增长率、财政自主度、中小学生比例、财政供养人口比例及农业人口比例等。其中，人均 GDP、人均 GDP 增长率、财政自主度的使用滞后一期度量。

表 2-7 为主要变量定义和统计性描述。可以发现，人均教育支出

① 生均是指学生平均，与人均表示的含义不同，两者研究结论类似。

增长率的均值为15.09%，标准差为17.17%；生均教育支出增长率的均值略高，为18.81%，标准差为17.60%。两个被解释变量的指标较为接近，说明无论使用哪个都不会对结果造成较大影响。人均GDP的均值为8290.09元，标准差为7587.17元。人均GDP增长率的均值为7.80%，标准差则为42.72%。财政自主度的定义为政府预算内财政收入占财政支出的比重，均值为43.70%，标准差为21.53%。中小学生比重是指中小学生占总人口的比重，均值为15.63%，标准差为4.36%。财政供养人口占总人口比重的均值为2.97%，标准差为1.29%。农业人口占总人口比例的均值为48.63%，标准差为30.26%。

表2-7　县（市）变量定义说明和统计性描述

变量名称	变量定义	观察值/个	均值/%	标准差/%
人均教育支出增长率	人均实际教育事业费增长率	8455	15.09	17.17
生均教育支出增长率	生均实际教育事业费增长率	7394	18.81	17.60
人均GDP	人均实际GDP	8415	8290.09元	7587.17元
人均GDP增长率	人均实际GDP增长率	8357	7.80	42.72
财政自主度	政府预算内财政收入占财政支出比重	8472	43.70	21.53
中小学生比重	中小学生占总人口比重	8463	15.63	4.36
财政供养人口比重	财政供养人口占总人口比重	8431	2.97	1.29
农业人口比重	农业人口占总人口比例	8324	48.63	30.26

注：人均GDP按照1999年不变价折算成实际值，为了数据的直观，本表中人均GDP没有取对数，不过实证分析将采用对数的形式。

3. 回归结果

（1）基准回归结果。

首先，我们不区分“扩权强县”和“县财省管”两种具体的改革形式，只要实行两项改革中的一项，则认为实行了“省直管县”改革，此时D=1。基本结果如表2-8所示。

表2-8　省直管县改革与公共教育供给

被解释变量	人均教育支出增长率		生均教育支出增长率	
	(1)	(2)	(3)	(4)
D	1.496***	2.559***	1.533***	2.257***
	(0.570)	(0.571)	(0.593)	(0.630)
L. 人均 GDP		-0.724		-0.559
		(1.199)		(1.205)
L. 人均 GDP 增长率		-0.009		0.000
		(0.008)		(0.008)
L. 财政自主度		-0.122		-2.521***
		(0.128)		(0.239)
中小学生比重		0.099*		0.168***
		(0.057)		(0.053)
财政供养人口比重		4.612***		6.034***
		(1.266)		(1.107)
农业人口比重		0.063		0.169***
		(0.060)		(0.053)
截距项	10.863***	5.158	19.974***	28.960***
	(0.431)	(9.557)	(0.573)	(9.929)
地区效应	Yes	Yes	Yes	Yes
年份效应	Yes	Yes	Yes	Yes
样本量	8455	7127	7394	7126
R 方	0.207	0.287	0.205	0.257

注：括号内经过省级层面聚类（Cluster）调整后的标准误，***、**、*分别表示在1%、5%和10%的水平上显著，L代表滞后一期。

表2-8的第（1）和（2）列报告了方程（1）被解释变量为人均教育支出增长率的固定效应面板模型的回归结果。相比第（1）列，第（2）列加入了有可能影响人均教育支出增长率的社会经济变量，包括

人均 GDP 的滞后一期、人均 GDP 增长率的滞后一期、财政自主度的滞后一期、中小学生比重、财政供养人口比重和农业人口比重。结果表明，因“省直管县”改革的实施，人均教育支出增长率提高约 2.6 个百分点。第（3）和（4）列报告了被解释变量为生均教育支出增长率的固定效应面板模型的回归结果，因“省直管县”改革的实施，生均教育支出增长率提高约 2.3 个百分点，估计值的大小和显著性水平基本保持不变。

（2）不同改革的效果。

由于“扩权强县”和“县财省管”两种“省直管县”的改革在内容上有所差异，我们主要考察经济管理上扩权和财政体制上缩减层级的改革异质性，从而识别“省直管县”改革正向影响的真正来源。D1 代表“扩权强县”改革，D2 代表“县财省管”改革，控制变量依然是人均 GDP 的滞后一期、人均 GDP 增长率的滞后一期、财政自主度的滞后一期、中小学生比重、财政供养人口比重和农业人口比重，如表 2－9 所示。

表 2－9　两种改革方式的影响（人均教育支出增长率为因变量）

因变量	人均教育支出增长率			
	(1)	(2)	(3)	(4)
D1	0.584		0.24	1.166*
	(0.601)		(0.615)	(0.653)
D2		3.646***	3.615***	4.930***
		(0.791)	(0.805)	(1.054)
D1 * D2				-3.132**
				(1.390)
L. 人均 GDP	-0.919	-0.739	-0.722	-0.714
	(1.211)	(1.203)	(1.205)	(1.201)

续表

因变量	人均教育支出增长率			
	（1）	（2）	（3）	（4）
L. 人均GDP增长率	-0.009	-0.01	-0.01	-0.01
	（0.008）	（0.008）	（0.008）	（0.008）
L. 财政自主度	0.096*	0.110*	0.110*	0.106*
	（0.058）	（0.058）	（0.058）	（0.058）
中小学生比重	-0.121	-0.144	-0.142	-0.148
	（0.129）	（0.129）	（0.130）	（0.129）
财政供养人口比重	4.563***	4.893***	4.887***	4.804***
	（1.267）	（1.275）	（1.277）	（1.282）
农业人口比重	0.064	0.053	0.052	0.058
	（0.060）	（0.061）	（0.061）	（0.061）
截距项	0.063	-2.643	4.805	4.814
	（10.196）	（10.095）	（9.610）	（9.577）
地区效应	Yes	Yes	Yes	Yes
年份效应	Yes	Yes	Yes	Yes
样本量	7127	7127	7127	7127
R方	0.285	0.288	0.288	0.288

注：括号内经过省级层面聚类（Cluster）调整后的标准误，***、**、*分别表示在1%、5%和10%的水平上显著，L代表滞后一期。

表2-9第（1）至（4）列报告了被解释变量为人均教育支出增长率的固定效应面板模型的回归结果。第（1）列中，实行“强县扩权”改革的县市，与没有实行此项改革的县市相比，人均教育支出增长率提高约0.584个百分点，但是在10%水平上并不显著。第（2）列中，实行“县财省管”改革的县市，与没有实行此项改革的县市相比，人均教育支出增长率提高约3.646个百分点，在1%水平上显著。第（3）

列则是将两项改革的虚拟变量 D1 和 D2 同时放入计量模型，此时的对照组为“没有实行任何‘省直管县’改革”的县市。我们发现，D2 的系数估计值为 3.615，与第（2）列相比数值上稍微有所下降，仍然在 1% 水平上显著。D1 保持正向且不显著，估计值下降到 0.24。第（4）列在第（3）列的基础上，考察两项改革并举的政策效果，我们发现 D1 和 D2 的交乘项估计系数显著为负，这表明两项改革措施共同实施并不能互相促进，反而减少了公共教育供给。

表 2－10 第（1）至（4）列以生均教育支出增长率作为被解释变量。与表 2－9 第（1）列的结果相比，实行“强县扩权”改革的县市，与没有实行此项改革的县市相比，生均教育支出增长率反而减少约 1.053 个百分点，但是在 10% 水平上并不显著。同样地，实行“县财省管”改革的县市，与没有实行此项改革的县市相比，生均教育支出增长率提高约 4.345 个百分点，在 1% 的显著性水平上显著。将两项改革的虚拟变量 D1 和 D2 同时放入计量模型后，D1 系数的估计值变为 －1.486，在 5% 的显著性水平上显著，D2 的系数估计值上升到 4.538，在 1% 的显著性水平上显著。第（4）列在第（3）列的基础上加入了 D1 和 D2 的交乘项，系数为 －5.439，支持了两项改革措施共同实施反而减少了公共教育供给的结论。

表 2－10 两种改革方式的影响（生均教育支出增长率为因变量）

因变量	生均教育支出增长率			
	（1）	（2）	（3）	（4）
D1	－1.053		－1.486**	0.123
	（0.661）		（0.672）	（0.689）
D2		4.345***	4.538***	6.821***
		（0.877）	（0.884）	（1.149）
D1 * D2				－5.439***
				（1.539）

续表

因变量	生均教育支出增长率			
	(1)	(2)	(3)	(4)
L. 人均 GDP	-0.852	-0.5	-0.605	-0.591
	(1.214)	(1.213)	(1.217)	(1.206)
L. 人均 GDP 增长率	0.001	0	0	0
	(0.009)	(0.008)	(0.009)	(0.008)
L. 财政自主度	0.165***	0.183***	0.183***	0.176***
	(0.054)	(0.053)	(0.053)	(0.053)
中小学生比重	-2.533***	-2.545***	-2.559***	-2.569***
	(0.241)	(0.240)	(0.240)	(0.238)
财政供养人口比重	6.009***	6.380***	6.415***	6.271***
	(1.104)	(1.123)	(1.122)	(1.116)
农业人口比重	0.171***	0.156***	0.157***	0.166***
	(0.053)	(0.053)	(0.053)	(0.053)
截距项	22.064**	16.739	28.921***	28.948***
	(10.549)	(10.551)	(10.055)	(9.968)
地区效应	Yes	Yes	Yes	Yes
年份效应	Yes	Yes	Yes	Yes
样本量	7126	7126	7126	7126
R 方	0.256	0.259	0.259	0.261

注：括号内经过省级层面聚类（Cluster）调整后的标准误，***、**、*分别表示在1%、5%和10%的水平上显著，L代表滞后一期。

因此，“省直管县”改革对人均和生均教育支出增长率的正向影响主要来源于“县财省管”。

（3）动态效应。

前文的结果仅考察了改革当期的效果。但是，“省直管县”改革对人均教育支出增长率的影响可能存在时间上的动态效果，我们不只关心短期效果，同样也关心长期效果。为此，我们把模型（2－5）改革的虚拟变量D做进一步分解，得到代表改革所处年份的虚拟变量。“D1改革当年”仅在扩权强县改革当年取1，否则取0；“D1改革后第一年”仅在“扩权强县”改革后第一年取1，否则取0；依次类推。同样地，“D2改革当年”仅在“县财省管”改革当年取1，否则取0；“D2改革后第一年”仅在“县财省管”改革后第一年取1，否则取0；依次类推。我们的数据中，大部分省市的改革出现在2004年及之后的年份，因此，我们取到改革后第三年。这样，有助于我们了解“省直管县”改革的影响是暂时性的还是持久的、是立刻发生还是逐渐发生的等问题。我们以表2－9第（3）列为固定效应模型估计为基础，分别对D1和D2的动态时间效果进行研究。

“扩权强县”改革当年，试点县市的人均教育支出增长率比没有实行任何省直管县改革的县市平均低约2个百分点；在改革三年内，改革影响转变为正向，且系数越大越显著，到改革后第三年估计系数甚至达到10.606，在1%的水平上显著。“扩权强县”改革短期效果不明显，是导致前文表2－9中D1改革总体效果不显著的重要原因，但是从长期来看却能改善县级政府的教育供给状况。

“县财省管”改革的动态影响效果呈现“波浪型”特征。改革当年，试点县市的人均教育支出增长率比没有实行任何改革的县市高出约5.428个百分点；但是改革后第一年，效果消失；改革后第二年，试点县市的人均教育支出增长率比没有实行任何改革的县市高出约6.263个百分点；改革后第三年，效果再次消失。“县财省管”的正向促进作用主要体现在当期，财政上消减市一级，立即缓解县级的财政困境，从而对县级政府的教育供给有正向的影响。受数据可得性所限，从现有的数据来看，长期效果并不稳定。

从县级政府财政量入为出的角度，可能是财政收入增长率的周期性所导致的这种“波浪型”特征。那么，“县财省管”改革的动态影响效果呈现“波浪型”特征是否和财政收入增长率有关呢？为了排除这种可能，我们对在表2-11原有的控制变量基础上加入了“人均预算内财政收入增长率”重新回归，发现人均财政收入增长率本身对政府的公共教育供给具有显著的影响，估计系数分别为0.08和0.085，说明如果人均预算内财政收入增长率提高1个百分点，人均教育支出增长率将上升0.08和0.085个百分点。然而，D1和D2的动态时间效果却没有受到较大的影响。

表2-11　“省直管县”改革的动态影响

被解释变量：人均教育支出增长率			
D1改革当年	-2.066***	D2改革当年	5.428***
	(0.716)		(1.013)
D1改革后第一年	1.118	D2改革后第一年	-0.856
	(0.725)		(0.961)
D1改革后第二年	1.566	D2改革后第二年	6.263***
	(0.933)		(1.261)
D1改革后第三年	10.606***	D2改革后第三年	-0.757
	(1.639)		(1.857)
D2	4.455***	D1	0.525
	(0.795)		(0.613)
其他社会经济变量	Yes		Yes
地区效应	Yes		Yes
年份效应	Yes		Yes
样本量	7127		7127
R方	0.296		0.292

注：其他社会经济变量的选取与前文一致；括号内经过省级层面聚类（Cluster）调整后的标准误；***、**、*分别表示在1%、5%和10%的水平上显著；研究D1（D2）的动态效果时，我们控制住D2（D1）的影响。

对以上结果可能的解释是，由于“扩权强县”改革更多地使用税收减免、简化项目审批和有优先的划拨建设用地指标等的经济和行政手段，对当地企业的发展和辖区的经济增长效果具有一定的滞后效应。县级政府掌握了地区的自主权后，短期内不会立刻调整支出结构，在一段时期体制改革的增长效应发挥出来后，提高教育的供给。而财政“省直管县”改革是直接作用于试点县的财政，在资金往来方面，县级财政直接与省级财政挂钩，减少截留产生的“漏斗效应”，有助于增强县级财政的自给能力，实现财政解困（刘佳等，2011；贾俊雪等，2013）。因此，“县财省管”改革对增加县级政府的财力、财政资金调度和使用效率等方面的效果立即显现，从而对人均教育支出增长率有短期正向影响。

4. 异质性分析和外生性检验

（1）异质性分析。

“省直管县”改革的影响还可能存在异质性，对于条件不同的地区，改革效应可能截然不同。为了探究改革的异质性效应，把样本进行分组再回归。首先，考虑到初始经济条件差异对改革效果的影响，根据2000年人均GDP的中位数分成初始经济条件不同的两个样本。其次，考虑到不同地方财政自主度不同，“省直管县”改革对公共教育供给的影响可能也不同，我们根据2000年财政自主度的中位数分为财政自主度高和财政自主度低的两个样本。另外，考虑到我国的地域差异较大，我们还把样本分为东部和中部，考察“省直管县”改革对公共教育供给的影响是否存在地区差异。表2－12汇报了表2－9中第（3）列在6个子样本中的回归结果。“省直管县”改革在不同的子样本中效果具有较大差异：对于初始经济条件好、财政自主度高、位于东部的县市，“县财省管”对人均教育支出增长率产生了5～14个百分点的提高；但是“扩权强县”改革在不同子样本中影响效果却全不显著。

表 2－12　省直管县改革在不同子样本中的影响

因变量	人均教育支出增长率					
划分标准	2000 年人均 GDP		2000 年财政自主度		东中部	
	大于中位数	小于中位数	大于中位数	小于中位数	东部	中部
	(1)	(2)	(3)	(4)	(5)	(6)
D1	－0.085	－0.203	0.992	－0.832	－0.105	1.005
	(0.903)	(0.846)	(0.860)	(0.893)	(0.972)	(0.814)
D2	6.846***	1.494	5.473***	3.040**	14.490***	1.394*
	(1.122)	(1.094)	(1.033)	(1.249)	(2.833)	(0.843)
L. 人均 GDP	－2.844	1.525	1.137	－2.753	－1.780	－0.787
	(1.792)	(1.561)	(1.548)	(1.731)	(2.101)	(1.576)
L. 人均 GDP 增长率	0.008	－0.025***	0.004	－0.020**	－0.014	－0.008
	(0.012)	(0.008)	(0.011)	(0.009)	(0.012)	(0.010)
L. 财政自主度	0.140	0.079	0.147*	0.124*	－0.047	0.145*
	(0.091)	(0.058)	(0.082)	(0.066)	(0.074)	(0.086)
中小学生比重	－0.054	0.064	0.152	－0.332*	0.302	0.077
	(0.245)	(0.162)	(0.222)	(0.195)	(0.251)	(0.178)
财政供养人口比重	7.554***	5.119**	4.013**	6.877***	8.585***	5.284***
	(1.264)	(1.995)	(1.815)	(2.056)	(2.651)	(1.688)
农业人口比重	0.312***	－0.018	0.197***	－0.015	0.206	－0.024
	(0.161)	(0.091)	(0.071)	(0.096)	(0.149)	(0.077)
截距项	1.675	－7.442	－17.404	17.099	－0.198	7.637
	(18.178)	(12.623)	(12.951)	(14.494)	(20.946)	(11.864)
样本量	3608	3519	3577	3550	3269	3858
R 方	0.276	0.320	0.285	0.306	0.234	0.370

注：括号内经过省级层面聚类（Cluster）调整后的标准误，＊＊＊、＊＊、＊分别表示在 1%、5% 和 10% 的水平上显著，L 代表滞后一期。

为什么“县财省管”的改革效应会因县级经济发展水平、财政自主度，以及所在地区而存在差异呢？可能的解释是，初始经济条件好、财政自主度高、位于东部的县市，已经具有足够财力来发展本地的基础设施，当获得更多财政方面的资金后，会把资源更多地投入到公共服务中。而初始经济条件差、财政自主度低、位于中部的县市，具有一定的财政困难，当获得更多财政方面的资金后，会把资源先用于“燃眉之急”或进行基本建设支出。与“县财省管”改革相比，“扩权强县”改革的内容则更偏向于通过事权下放增强县市自身的造血功能，对县级政府教育供给的影响不存在子样本的异质性。

（2）外生性检验。

随机选择处置组和对照组是自然实验的前提。从政策文本来看，有的省挑选经济强县进行试点，而有的省则明确从贫困县进行试点[①]。因此，不同省份在选择试点县（市）时，具有多样性。但是，我们并不能就此认为满足了自然实验外生的假设。我们进一步考察改革前，试点组的人均教育支出增长趋势与非试点组是否有明显的差异。

为了排除浙江和海南的干扰，在此部分我们剔除了浙江省和海南省的样本[②]。我们使用虚拟变量 reform、reform1 和 reform2，分别代表该县（市）在样本末期 2007 年是否进行了“省直管县”“扩权强县”和“县财省管”改革，标识该县（市）日后是否成为试点县（市）。我们采用两种方法来检验改革的外生性。

首先，我们采用分省份比较人均教育支出增长率差异来检验改革的外生性。在我们选择的样本范围，吉林、黑龙江、江苏、山东、湖南和福建在“省直管县”改革中，所有的县（市）都成为改革试点地区，因此可以认为改革在这些省份是严格外生的。对于其余的省份，我们分省用均值比较的方法来检验试点县和非试点县在改革前（样本初期 2000 年）人均教育支出增长率是否存在显著的差异。

从表 2－13 的结果来看，除了辽宁省以外，其他省份在选择试点县（市）的时候，并没有挑选人均教育支出增长率高的县（市）。

① 如江西省和山西省。

② 实际上，是否剔浙江省和海南省对参数估计的数值和显著性的影响都十分微小。

表 2－13　试点县和非试点县的人均教育支出增长率差异（2000 年）

省份	reform	reform1	reform2
河北	0.673	0.673	0.673
	(0.166)	(0.166)	(0.166)
山西	4.356*		4.356*
	(1.913)		(1.913)
辽宁	14.025***	14.025***	
	(3.142)	(3.142)	
安徽	-0.359	-7.564	-0.359
	(-0.038)	(-1.247)	(-0.038)
江西	-3.786		-3.786
	(-1.066)		(-1.066)
河南	-2.907	-2.907	8.761
	(-1.020)	(-1.020)	(1.248)
湖北	2.163	2.163	1.897
	(0.357)	(0.357)	(0.354)

注：括号里为 t 值；***、**、*分别表示在 1%、5% 和 10% 的水平上显著；直至 2007 年，山西省和江西省没有进行 D1（扩权强县）改革，辽宁省没有进行 D2（县财省管）改革，因此表中相应结果为空白。

除了分省均值比较的方法，我们还分别采用 Logit 模型 Probit 模型和 OLS 模型，将 reform、reform1 和 reform2 作为被解释变量，考察改革前（样本初期 2000 年）的经济财政变量对样本县成为改革县的可能性的影响。表 2－14、表 2－15 和表 2－16 中报告的所有结果都显示，在控制住可以观察到的社会经济变量之后，人均教育支出增长率的估计系数在 10% 水平上不显著，说明改革之前的人均教育支出增长率并不能预测以后成为试点县（市）的可能性，从一定程度支持了自然实验外生的假设。

表 2-14 “省直管县”改革对象选择外生性检验——Logit 模型

	reform	reform	reform1	reform1	reform2	reform2
	(1)	(2)	(3)	(4)	(5)	(6)
人均教育支出增长率	0.006	0.006	0.000	0.017	0.007	-0.001
	(0.007)	(0.008)	(0.008)	(0.011)	(0.008)	(0.009)
人均 GDP		0.350		1.176**		-0.136
	(0.322)		(0.489)		(0.461)	
人均 GDP 增长率		0.003		-0.002		0.010*
	(0.005)		(0.005)		(0.005)	
财政自主度		-0.010		0.058***		-0.033**
		(0.010)		(0.016)		(0.013)
财政供养人口比重		0.000		0.000***		0.000*
		(0.000)		(0.000)		(0.000)
中小学生比重		0.100**		0.026		0.106*
		(0.046)		(0.067)		(0.054)
截距项	2.103***	-2.325	2.158***	-12.567***	1.764***	1.790
	(0.438)	(2.684)	(0.442)	(4.201)	(0.390)	(4.009)
省份效应	控制	控制	控制	控制	控制	控制
样本量	559	558	385	385	523	522
pseudo-R 方	0.273	0.283	0.231	0.380	0.406	0.448

注：括号内经过省级层面聚类（Cluster）调整后的标准误，***、**、*分别表示在 1%、5% 和 10% 的水平上显著。

表 2-15 “省直管县”改革对象选择外生性检验——Probit 模型

	reform	reform	reform1	reform1	reform2	reform2
	(1)	(2)	(3)	(4)	(5)	(6)
人均教育支出增长率	0.003	0.004	0.004	0.001	-0.000	0.011*
	(0.004)	(0.005)	(0.005)	(0.005)	(0.005)	(0.006)

续表

	reform	reform	reform1	reform1	reform2	reform2
	(1)	(2)	(3)	(4)	(5)	(6)
人均 GDP	0.201		-0.036		0.592**	
		(0.183)		(0.238)		(0.248)
人均 GDP 增长率	0.002		0.006**		-0.001	
		(0.002)		(0.003)		(0.003)
财政自主度	-0.006		-0.017**		0.031***	
		(0.006)		(0.007)		(0.009)
财政供养人口比重	0.000		0.000**		0.000***	
		(0.000)		(0.000)		(0.000)
中小学生比重	0.059**		0.061*		0.005	
		(0.027)		(0.031)		(0.038)
截距项	1.231***	-1.383	1.050***	0.553	1.263***	-6.274***
	(0.227)	(1.507)	(0.211)	(2.021)	(0.229)	(2.145)
省份效应	控制	控制	控制	控制	控制	控制
样本量	559	558	523	522	385	385
pseudo-R 方	0.273	0.283	0.406	0.444	0.231	0.373

注：括号内经过省级层面聚类（Cluster）调整后的标准误，***、**、*分别表示在1%、5%和10%的水平上显著。

表 2-16　“省直管县”改革对象选择外生性检验——OLS 模型

	reform	reform	reform1	reform1	reform2	reform2
	(1)	(2)	(3)	(4)	(5)	(6)
人均教育支出增长率	0.001	0.000	0.000	0.000	0.000	0.000
	(0.001)	(0.001)	(0.001)	(0.001)	(0.001)	(0.001)
人均 GDP		0.027		-0.016		0.073***
		(0.024)		(0.020)		(0.025)

续表

	reform	reform	reform1	reform1	reform2	reform2
	(1)	(2)	(3)	(4)	(5)	(6)
人均 GDP	-0.000		0.000		-0.000	
增长率		(0.000)		(0.000)		(0.000)
财政自主度	-0.001		-0.001**		0.001*	
		(0.001)		(0.001)		(0.001)
财政供养	0.000		0.000*		0.000**	
人口比重		(0.000)		(0.000)		(0.000)
中小学生	0.006		0.003		0.005	
比重		(0.004)		(0.003)		(0.003)
截距项	0.997***	0.679***	0.998***	1.102***	1.000***	0.201
	(0.003)	(0.211)	(0.003)	(0.182)	(0.003)	(0.209)
样本量	1000	990	1000	990	1000	990
R 方	0.555	0.555	0.716	0.719	0.757	0.767

注：括号内经过省级层面聚类（Cluster）调整后的标准误，***、**、*分别表示在1%、5%和10%的水平上显著。

5. 对教育供给不均衡的影响

通过前文的分析，我们可以得出“省直管县”有助于增加县级政府的教育供给的基本结论。然而，除了供给不足的问题，我们的公共教育支出还存在着地区不均衡的现象。由于地市不可分割的关系，参加试点改革的县级单位并不包括同级的市辖区。如果前文所述省直管县改革的外生性成立，那么市辖区的公共教育供给应该不会受到影响，城乡教育资源分配应该更为均衡。为了检验以上的逻辑是否成立，此部分我们评估“省直管县”改革对政府教育供给不均衡的影响。

需要说明的是，“教育供给不均衡”在本节中指的是，地级市内各县（区）人均教育支出分布上的不均衡现象。为了说明地级市内教育不均衡，我们首先用人均实际教育支出作为原始数据，计算地级市管辖内所有县（区）公共教育资源分配的不均衡程度——人均教育支出基尼系数。除了基尼系数以外，变异系数（cv）和泰尔指数（theil）也是常用的衡量不均衡的指标。在后面的回归结果中，我们也给出以变异系数和泰尔指数作为因变量的结果①。

此处，与前文稍有不同，D1 和 D2 代表某个地级市管辖内的县（区）是否进行了“扩权强县”和“县财省管”的试点，是我们关注的核心改革试点变量。我们还控制其他一些有可能影响教育资源不均衡的变量，比如人均 GDP、人均 GDP 增长率、财政自主度及农业人口比重等。样本涵盖 2000—2007 年，一共 194 个地级市。表 2 - 17 给出了地级市层面的变量描述。

表 2 - 17　地级市层面主要变量统计性特征

变量名称	变量定义	观察值	均值	标准差
gini	基尼系数	1463	0. 298	0. 201
cv	变异系数	1463	0. 142	0. 083
theil	泰尔指数	1463	0. 050	0. 085
人均 GDP	人均实际 GDP	1276	11111. 74	8551. 37
人均 GDP 增长率	人均实际 GDP 增长率	1254	8. 438	10. 630
财政自主度	政府预算内财政收入占财政支出比重	1458	54. 323	20. 340
农业人口比重	农业人口占总人口比例	1426	35. 456	22. 303

注：人均 GDP 按照 1999 年不变价折算成实际值；本表中人均 GDP 没有取对数，不过实证分析将采用对数的形式；人均 GDP 的单位为元，人均 GDP 增长率、财政自主度、农业人口比重的单位为%。

从表 2 - 17 来看，地级市内的人均教育支出基尼系数均值为 0. 298，标准差为 0. 201。变异系数的均值为 0. 142，标准差为 0. 083。泰尔指数

① 样本中，基尼系数、变异系数和泰尔指数两两间的相关系数在 0. 9 ~ 0. 97。因此无论用哪个作为被解释变量，对结论影响都不大。

的均值为0.050，标准差为0.085。三个系数都仅代表了轻微的不平等。我们的估算有可能低估了教育供给不均衡程度。目前地方教育经费主要有两个来源，一是政府财政性教育支出，二是来自民间的筹资。我们测算的是第一种来源。但富裕地区其他筹资渠道获得的资金更多。如果包含了其他资金来源后，地级市内人均教育支出不均衡的程度会有所增加。王蓉（2003）的研究也显示，我国预算外教育事业经费的地区性差异大于预算内的经费。

表2-18给出了“扩权强县”和“县财省管”对地级市内县（区）教育不均衡影响的回归结果。从第（4）至（6）列固定效应模型的双重差分估计结果可以发现，无论是用哪个指标来衡量教育不均衡，D1的估计系数为负，并且都在1%水平上显著。D2的估计系数在混合OLS回归中显著为负，但是在固定效应模型中符号为正，却不能通过10%的显著性检验。此结果说明，相比较而言，“扩权强县”改革更能改善地级市内县（区）教育不均衡程度，推动城乡教育资源分配的一体化发展。

表2-18　“省直管县”改革对地级市内县（区）教育不均衡的影响

因变量	gini	cv	theil	gini	cv	theil
	(1)	(2)	(3)	(4)	(5)	(6)
	Pooled OLS	Pooled OLS	Pooled OLS	FE	FE	FE
D1	-0.017***	-0.035***	-0.008*	-0.015***	-0.037***	-0.011***
	(0.006)	(0.012)	(0.005)	(0.005)	(0.012)	(0.004)
D2	-0.013**	-0.035***	-0.015***	0.006	0.008	0.001
	(0.005)	(0.012)	(0.004)	(0.004)	(0.010)	(0.003)
L. 人均GDP	0.064***	0.150***	0.055***	0.014	0.054	0.016
	(0.007)	(0.018)	(0.008)	(0.019)	(0.052)	(0.016)
L. 人均GDP增长率	0.082**	0.159**	0.051*	0.033*	0.065	0.016
	(0.035)	(0.080)	(0.029)	(0.019)	(0.044)	(0.015)

续表

因变量	gini	cv	theil	gini	cv	theil
	(1)	(2)	(3)	(4)	(5)	(6)
	Pooled OLS	Pooled OLS	Pooled OLS	FE	FE	FE
L. 财政自主度	-0.149***	-0.371***	-0.166***	-0.026	-0.089	-0.044*
	(0.029)	(0.071)	(0.036)	(0.029)	(0.070)	(0.026)
农业人口比重	-0.064***	-0.141***	-0.050***	0.001	-0.001	-0.000
	(0.011)	(0.025)	(0.010)	(0.021)	(0.047)	(0.017)
截距项	-0.345***	-0.837***	-0.348***	0.035	-0.125	-0.061
	(0.057)	(0.136)	(0.060)	(0.157)	(0.441)	(0.136)
地区效应	No	No	No	Yes	Yes	Yes
年份效应	Yes	Yes	Yes	Yes	Yes	Yes
样本量	1063	1063	1063	1063	1063	1063
R 方	0.162	0.156	0.117	0.017	0.019	0.015

注：括号内经过省级层面聚类（Cluster）调整后的标准误，***、**、*分别表示在1%、5%和10%的水平上显著，L代表滞后一期。

（四）财政压力与地方公共服务供给的实证分析

本节将关注点集中在地方政府在财政压力下如何改变其公共服务供给行为。实证上测量财政压力对地方政府财政支出结构影响并非易事，以往的文献存在内生性问题：

第一，普遍使用的财政压力指标的构建依赖地方政府预算内的财政收支数据，很可能由被解释变量财政支出结构反向决定，导致反向因果的问题。比如，基本建设支出在财政支出所占比重较大的地方政府财政压力大。

第二，财政支出结构和财政压力同时内生于一个经济体系，可能都是某些不可观测的因素造成的结果，因此回归中需要控制与财政压力相关且影响财政结构的各种因素，否则会产生遗漏变量偏误问题，使得实证结果不可靠。即使有些研究采用财政压力的滞后项，但是也很难消除内生性问题。因此，如何从实证上识别财政压力对财政支出结构的影响是一个不小的挑战。为了避免简单回归造成的内生性问题，本小节利用“取消农业税”改革作为自然实验，从实证上考察地方政府在财政负担加重之后公共服务供给行为的变化。

1. 农村税费改革的基本情况

农业税是国家对一切从事农业生产、有农业收入的单位和个人征收的一种税，俗称“公粮”。中华人民共和国成立初期，为了推动社会主义工业化建设及城市经济发展，我国基本上延续了历史上实行的农业税政策。1958 年 6 月 3 日，《中华人民共和国农业税条例》在第一届全国人民代表大会常务委员会第 96 次会议通过，并颁布实施，条例规定的农业税包括农业税、农业特产税和牧业税。

1994 年实行的分税制使得财政包干体制被废止。2000 年 3 月 2 日，国家下发了《关于进行农村税费改革试点工作的通知》，改革的目的在于增加农民收入、减轻农民负担、维持农村稳定。其主要内容可以概括为：“三取消、两调整、一改革”。“三取消”，是指取消乡统筹和农村教育集资等专门向农民征收的行政事业性收费和政府性基金、集资，取消屠宰税，取消统一规定的劳动积累工和义务工。“两调整”，是指调整现行农业税和农业特产税政策。“一改革”，是指改革现行村提留征收使用办法。农村税费改革是中华人民共和国成立以来中国农村继土地改革、实行家庭联产承包责任制之后的第三次重大改革。

从规范农村税费到最终取消农业税，大致经历了两个阶段：一是 2000 年起对农村税费进行规范，正税清费；二是 2004 年起逐步减免农业税，直至全面取消农业税。农村税费改革为识别县级政府财政压力对公共教育供给的影响提供了一个很好的准实验。

农村税费改革首先于 2000 年在安徽进行全省范围内试点，同时还有河北、内蒙古、吉林、黑龙江、河南、湖南、山西和甘肃 8 个省（自治区）的32个市（县）组织改革初步试点。2001年江苏省自费开展试点工作，同年还有27个省（自治区、直辖市）自主选择102个市（县），自费进行局部试点。2002年改革步伐加快，扩展到河北、内蒙古、黑龙江、吉林、青海、宁夏等20个省（自治区、直辖市）。2003年改革推广到全国范围。

2004年，中央着眼于实现粮食稳定增产、农民持续增收的大局，做出了5年内取消农业税的重大决定，并率先在黑龙江、吉林两省进行免征农业税试点，其他地区降低农业税税率，取消了除烟叶外的农业特产税。到2005年，已有28个省份全部免征了农业税，河北、山东、云南也按中央要求将农业税税率降到2%以下。2005年12月29日，十届全国人大常委会第十九次会议通过决定，自2006年1月1日起废止《中华人民共和国农业税条例》，标志着在我国实行了长达2600年的古老税种从此退出历史舞台。农村税费改革对农民收入的增长率有相当大的正面影响，税费改革对农民纯收入增长的贡献高达40%以上，而且该影响有一定的持续性（周黎安和陈烨，2005）。汪伟等（2013）也发现，取消农业税对农村居民消费具有显著的刺激效应。

在整个税费改革过程中，县级政府的财政收入和支出发生了明显变化。各种行政事业性收费、集资、罚款、摊派统统取消，基层财政只剩下农业税和工商税收，财政收入大幅减少，到农业税全面取消之后，只能靠增加工商税收，另外就是依靠国家转移支付。为了支持地方推进税费改革，从2002年起，中央财政统筹考虑各地区情况，通过转移支付给予适当补助。① 转移支付额的确定，参照税费改革前各地区乡村两级办学、计划生育、优抚、乡村道路修建、民兵训练、村级基本经费及教育集资等统计数据，按照客观因素核定各地区上述经费开支需求和税费改革后地方减少收入额，根据中央对地方转移支付系数计算确定（谢旭

① 2000年中央财政向试点省份安徽提供的农村税费改革专项转移支付，数额为11亿元。2001年，这个数字上升到17亿元。

人，2008）。即便得到上级转移支付作为财政上的支持，县级政府由于失去了能够独立支配的重要收入来源——农业税，与上级政府“讨价还价”的能力下降，处于更为劣势的地位。

作为公共产品供给的主体，县级政府面对加重的财政压力会如何进行反应呢？左翔等（2011）利用河南省108个县级单位2001—2008年的面板数据，对减免农业税后的财政支出进行了实证检验，发现受到免征农业税影响较大的县农业支出显著增加。这是为数不多的考察取消农业税后政府行为变化的文献，但探讨县级政府面临财政压力加大后怎么改变公共服务供给的还不多。我们主要从实证上考察由于税费改革产生的财政压力如何影响县级政府对公共教育的供给。我们用取消农业税作为自然实验，原因在于：一是由于数据所限，我们只能观察到县级政府的税收收入。其他各种非税收入由于其非正规性，缺乏精确的统计，只是粗略地估计，无法纳入财政冲击的计算中。二是农业税取消，相当于一部分税基消失，总体税基变小，对很多地区是一个不小的冲击。图2－8反映了2000—2007年农业税及农业税费改革专项转移支付占税收收入之比，2000—2004年县级政府的农业税和占税收收入的比重平均为12%，考虑了“农业税费改革转移支付补助”之后，农业税与该专项转移支付补助之和占税收收入的比重从2000—2004年的均值21.8%下降到9.5%。取消农业税对各地造成的冲击具有很大的差异，本小节正是利用这一差异，来识别财政压力对县级政府公共教育供给的影响。

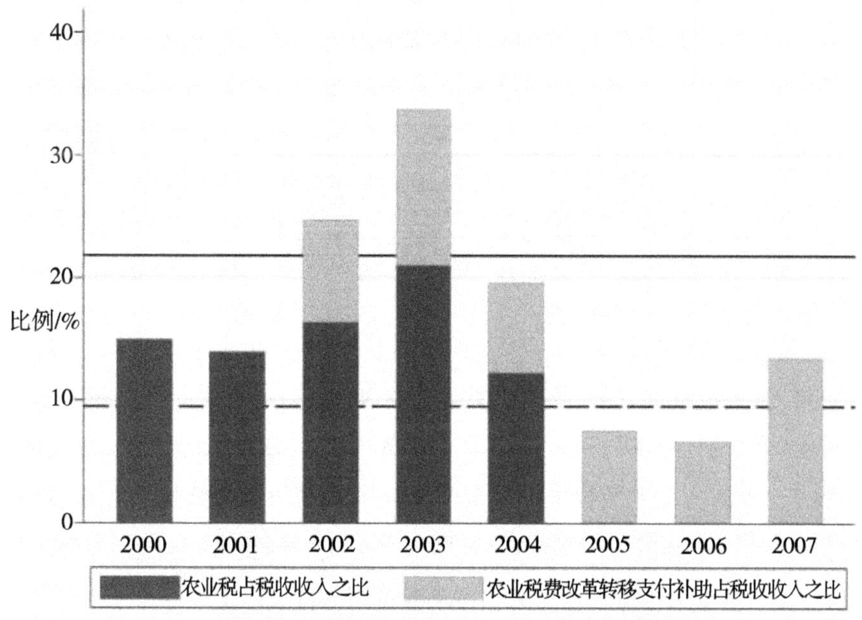

图 2-8　县级农业税及农业税费改革转移支付

数据来源：《全国地市县财政统计资料》。

注：1. 农业税费改革转移支付补助从 2000 年起在安徽进行试点，2002 年全面推广到全国范围。县级的财政数据从 2002 年之后才列有此项转移支付补助项目，因此 2000 年和 2001 年数额为 0。

2. 2005 年起县级财政不再列有农业税收入一项，因此数额为 0。

取消农业税会如何影响地方政府的公共教育供给呢？从理论上来说，农村税费改革对教育供给的影响主要体现在以下三个方面：

第一，农民负担减少了约 30%，农业税总量也随之大幅度减少，地方政府在总量上削减公共教育供给。

第二，农村税费改革之后农村教育费附加和教育集资取消，新的经费渠道没有落实，尤其是贫困地区，由于工业不发达、农业发展又受到自然地理环境制约，财政压力进一步加大。

第三，农村税费改革期间颁布的《国务院关于基础教育改革与发展的决定》，确定了农村义务教育“以县为主”的管理体制，县级政府包揽了办学权和管理权，其中还规定教师的工资由县统一发放。教育不同于其他的经济活动，产品的公共性和外溢性很强，短期内不具有增长效应。作为义务教育供给的主体，县级政府面对农村税费改革带来的财政压力，自然会减少对本地区教育发展的投资热情与动力，因此，我们预期农村税费改革会显著降低县级政府的公共教育供给。

2. 数据与变量说明

（1）数据来源。

本小节使用的数据主要来源于《全国地市县财政统计资料》《中国县市社会经济统计年鉴》及政府文件，最终样本为2000—2007年县级的面板数据。财政方面的数据来自财政部预算司编制的《全国地市县财政统计资料》[①]，社会经济基本特征的数据来自于《中国县市社会经济统计年鉴》，关于各个地区具体何时开始各项改革则来自政府文件。

虽然市辖区政府和农村县政府在行政上同属一个级别，然而两者有较大区别。市辖区政府以城市管理和服务为主，而农村县政府以综合管理和向居民提供公共服务为首要职责。并且，农村税费改革主要影响农村县政府。本小节讨论仅限于农村县级单位，不包括地级市的辖区。

（2）财政冲击。

参考陈晓光（2016）的研究，采用以下方法度量取消农业税给县级政府i带来的财政冲击Agr_i：

$$Agr_i = \frac{Agr\_tax_{i,2002-2004} + Subsidy_{i,2002-2004}}{total\_tax\_rev_{i,2002-2004}} - \frac{Subsidy_{i,2005-2007}}{total\_tax\_rev_{i,2005-2007}} \quad (2-8)$$

① 《全国地市县财政统计资料》从2008年起就不再列出财政支出细项，无法获得2008年以后的县级政府教育支出数据，因此样本的终点为2007年。

其中，$Agr\_tax_{i,2002-2004}$ 为取消农业税前①的农业税收收入，$Subsidy_{i,2002-2004}$ 及 $Subsidy_{i,2005-2007}$ 分别为取消农业税之前与之后的农村税费改革专项转移支付②，$total\_tax\_rev_{i,2002-2004}$ 及 $total\_tax\_rev_{i,2005-2007}$ 分别为取消农业税之前与之后的税收总收入。

为了对财政冲击有更为直观的把握，我们用 2005 年的数据，分别绘制了财政冲击与农业产值比重、地区经济发达程度和财政缺口的散点图，如图 2-9 所示。

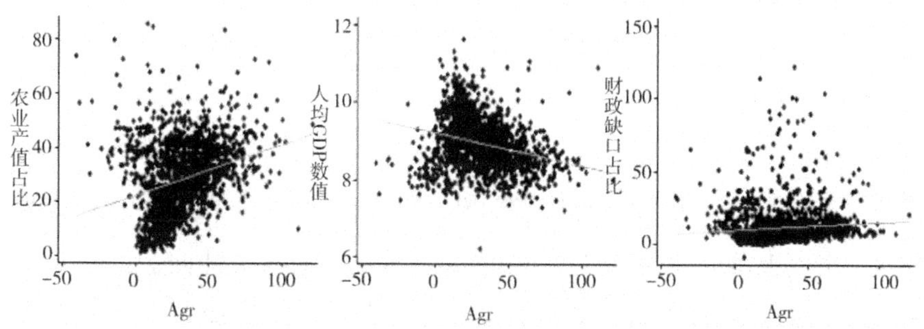

图 2-9 财政冲击与其他变量的散点图（2005 年）

数据来源：《全国地市县财政统计资料》。

注：1. 左图的纵坐标“农业产值占比”定义为“农业产值占 GDP 的比重（%）”。

2. 右图的纵坐标“财政缺口占比”定义为“财政缺口占 GDP 的比重（%）”，“财政缺口”为县级政府预算内财政支出与预算内财政收入之差。

从图 2-9 中的左图可以发现，财政冲击和农业产值比重呈现正相关的关系，相关系数为 0.3，说明越依赖农业的县受到农业税取消的冲

① 取消农业税前的数据采用 2002—2004 年的原因在于，大规模的农村税费改革转移支付补助发生在 2002 年之后，县级政府以专项转移支付补助的形式从上级政府获得此项收入。但在后文会讨论考虑将改革前的年份设为 2000—2004 年对结果稳健性的影响。

② 还有一项转移补助“取消农业特产税、降低农业税率转移支付补助”与农村税费改革有关，但是该指标缺少 2007 年的数据，因此没有纳入基于式（2-8）的计算。但在后文中会讨论考虑该补助对结果稳健性的影响。

击越大，但是农业产值高低并不完全等同财政冲击，若用农业产值比重作为指标会存在一定的测量误差；图2－9中的中图显示，经济越发达的县，受到财政冲击越小；图2－9中的右图则表明，财政冲击越大的县，财政缺口越大。值得说明的是，本小节中的“财政压力”是指由于取消农业税带来的冲击，造成的县级政府财政压力的改变，而并非是财政压力的水平。以往的文献大多是关注财政压力的水平，度量方法各有差异，但主要都是衡量财政收支不平衡程度的高低。这也解释了图2－9中的右图中财政冲击和财政缺口呈现微弱正相关的原因。如果不特别说明，本小节提到的“财政压力”都是指变化，而不是水平值。

（3）统计性描述。

表2－19为主要变量定义和统计性描述。可以发现，取消农业税的财政冲击的均值为0.32，标准差为0.21，最小值为－0.40，最大值为1.21，说明取消农业税后平均来看县级政府的财政压力加大了，但个别县因为有农业税的转移支付补助，财政压力不仅没有加大，反而减小了。教育支出占一般预算内财政支出之比的均值为25.05%，标准差为6.49%，教育支出占比最小的县只有2.18%的一般预算内财政支出用于教育，而教育支出占比最大的县则超过一半的一般预算内财政支出用于教育。人均GDP采用的是对数值的形式，均值为8.72，标准差为0.73，最小值为6.17，最大值则为12.04。农村人口占总人口比重的均值为83.80%，标准差为11.23%，农村人口比重最小的县只有5.88%的人口是农村人口，农村人口比重最大的县则100%的人口是农村人口。农业产值占GDP比重的均值为29.89%，标准差为14.08%，有的县的农业产值比重仅为0.98%，有的县的农业产值比重则达到98.70%。中小学生占总人口比重的均值为15.79%，标准差为3.60%，最小值只有0.85%，最大值则达到78.86%。财政供养人口占总人口比重的均值则为3.10%，标准差为1.23%，最小值仅为0.25%，最大值为25.72%。

表 2－19　主要变量统计性描述

变量名称	变量定义	观察值	均值	标准差	最小值	最大值
教育支出占财政支出之比	教育支出占一般预算内财政支出之比	12767	25.05	6.49	2.18	55.41
Agr	取消农业税的财政冲击，具体计算方法见式(2－8)	12768	0.32	0.21	－0.40	1.21
人均 GDP	人均 GDP 对数值	12689	8.72	0.73	6.17	12.04
农村人口比重	农村人口占总人口比重	12541	83.80	11.23	5.88	100
农业产值占比	农业产值占 GDP 比重	12699	29.89	14.08	0.98	98.70
中小学生比重	中小学生占总人口比重	12757	15.79	3.60	0.85	78.86
财政供养人口比重	财政供养人口占总人口比重	12725	3.10	1.23	0.25	25.72

注：教育支出占财政支出之比、农村人口比重、农业产值占比、中小学生比重、财政供养人口比重的单位为%。

（4）相关系数。

表 2－20 展示了取消农业税的财政冲击与各主要变量间的相关系数。可以看出，各变量间的相关系数并不高，说明不存在严重的多重共线性问题。

表 2－20　取消农业税的财政冲击与各主要变量间的相关系数

	财政冲击	教育支出占财政支出之比	人均 GDP 对数	农业人口比重	农业产值占比	中小学生比重	财政供养人口比重
财政冲击	1						
教育支出占财政支出之比	0.0926***	1					
人均 GDP 对数	-0.2419***	-0.2029***	1				
农业人口比重	0.0917***	0.3013***	-0.2678***	1			
农业产值占比	0.2868***	0.1126***	-0.6666***	0.2286***	1		
中小学生比重	0.0130***	0.3125***	-0.2180***	0.2120***	0.0414***	1	
财政供养人口比重	-0.0751***	-0.2829***	0.0115***	-0.2250***	0.0507***	0.1199***	1

注：***代表在1%的统计性水平上显著。

3. 计量模型

本小节采用的实证方法主要借鉴了 Nuun 和 Qian（2010）的策略，他们研究了1700年后引进土豆对人口增长和城市化的影响。由于世界各地区适宜种植土豆的自然条件不同，因此把适合种植土豆的程度作为引进土豆这一外生冲击的强度。基于此，他们利用类似双重差分的方法，既比较了引进土豆前后结果变量的变化，又比较了同一时点（引进土豆之后）适合种植土豆程度不同的地区之间的差异，从而识别了引进土豆的影响。这种方法与传统的双重差分方法不同之处在于：第一，各个地区引入土豆的具体时间并不相同，但是为了避免估计结果受到引入时间的影响，对所有样本使用1700年作为近似的处置时间，区分处置前和处置后；第二，控制组和处置组的区分不再是虚拟变量，而是一个连续的变量，度量了外生冲击的强度。事实上，类似方法也可见于其他的双重差分的文献（Card 和 Krueger，1994）。

农业税取消与引进土豆一样，作为一个外生的冲击对县级财政支出结构也存在时间上和空间上的差异：在时间维度上，取消农业税后，县级政府与之相关的收入急剧减少，财政压力增加，县级政府的支出结构在改革之前和之后具有一定的差异。根据前面制度背景的分析，我们把2005年作为全国统一的农业税改革的起点；在空间维度上，不同的县在农业税费改革之前，农业税费占税收收入的比重不同，导致取消农业税对地方财政产生的冲击不同。图2－10表明，考虑到农村税费改革配套补贴后的冲击平均为32%，标准差为21%（左图），并且在省区内部的县级冲击的标准差为18%（右图）。这说明财政冲击程度在区域间和区域内都具有较大的差异。因此，这样的数据结构可以使我们采用这种类似双重差分的估计方法，比较财政冲击程度不同的县在取消农业税之前和之后财政支出结构的差异。

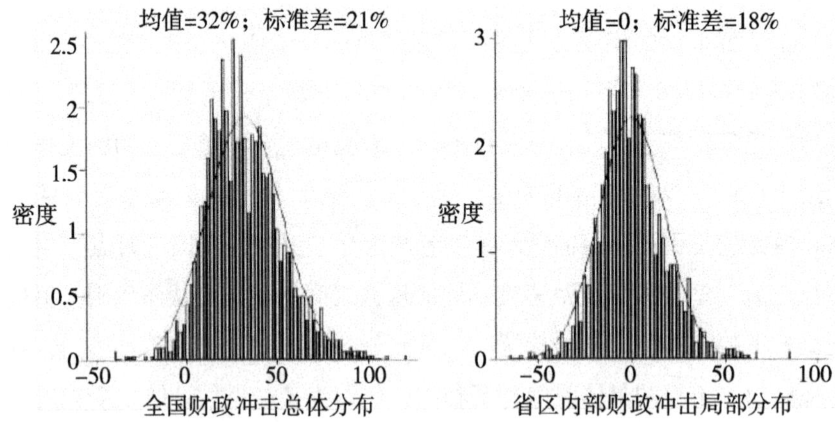

图 2 - 10　取消农业税对县级财政的冲击分布图

数据来源：《全国地市县财政统计资料》。

注：左图为根据（1）式计算的财政冲击（Agr_i）在全国的总体分布图；右图为控制住省的个体异质性后，县级政府受到的冲击分布图（相当于省内的局部分布）。

我们建立如下的面板数据模型：

$$Y_{it} = \beta \cdot Agr_i \cdot Post_t + \theta \cdot Post_t + X_{it}\mu + \gamma_i + \alpha_t + \varepsilon_{it} \qquad (2-9)$$

其中，Y_{it}是我们感兴趣的结果变量，使用教育支出占预算内财政支出之比衡量，下标 i 代表县，t 代表年份。$Post_t$ 为农业税费改革的虚拟变量，如果 $t \geqslant 2005$ 则取值为 1，否则为 0。Agr_i 为第 i 个县由于农业税费改革遭受到的财政冲击［计算方式具体见式（2 - 8）］。X_{it}为一组控制变量，包括人均 GDP 对数、农村人口比重、农业产值占比、中小学生比重及财政供养人口比重。γ_i 为不随着时间变化的个体异质性。α_t 为年份的时间固定效应。

β 为待估计的参数，具有明确的经济学含义。根据模型（2 - 9）估计出来的 $\hat{\beta}$ 实际上度量了遭受更大财政冲击的县（相对于影响较小的县）在取消农业税之后（相对于改革之前）教育支出比重的改变。我们预计估计系数为负，则说明财政冲击强的县在农业税费改革后会更大幅度地降低财政上对公共教育的支出。

由于存在不可观察但不随着时间改革的个体异质性 γ_i，我们对计量模型（2-9）采用面板双重差分的估计方法，通过组内差分的方式将其消去，获得 β 的一致估计量。具体的估计策略可以采用固定效应（FE）和一阶差分（FD）两种方法。在理论上，固定效应模型要求 $E(\varepsilon_{it} \mid \gamma_i, X_{i1}, X_{i2}, \cdots, X_{iT}) = 0$，即干扰项 ε_{it} 与每一期的解释变量和 γ_i 都不相关；一阶差分模型要求干扰项 ε_{it} 与 t 期之前的解释变量和 γ_i 不相关。因此，固定效应模型的假设更为严格，如果满足该假设条件，固定效应估计量会比一阶差分估计量更为有效。因此，我们后文主要采用固定效应的结果，在对模型（2-9）进行估计时也同时汇报一阶差分的估计系数。

在我们关心的问题中，受到财政冲击大的县之所以比受到财政冲击小的县具有更低的教育供给水平，可能是因为冲击大的县在改革以前就大幅度削减教育支出占比。针对这种可能性，我们需要对双重差分模型的识别条件——"平行趋势假设"进行检验。在传统的双重差分模型中，要求控制组和处置组的结果变量在改革前具有一致的趋势，才能认为控制组是处置组有效的参照对象。在模型（2-9）的设定下，平行趋势假设要求我们满足以下条件：受到农业税取消冲击程度不同的县在财政上对教育供给在改革前应该不具有显著的差别。

为了检验该假设，我们采用如下的模型：

$$
\begin{aligned}
Y_{it} = {} & \beta \cdot Agr_i \cdot Post_t + \theta \cdot Post_t + X_{it}^{'}\mu + \sum_{j=2000}^{2003} \rho_j \cdot Agr_i \cdot I_t^j \\
& + \sum_{j=2000}^{2003} \delta_j \cdot I_t^j + \gamma_i + \varepsilon_{it}
\end{aligned}
\tag{2-10}
$$

其中，I_t^j 为虚拟变量，j 分别取值 2000—2003 年。当 $j = t$ 时，$I_t^j = 1$，否则为 0。在平行趋势假设下，应该有 $\rho_j = 0$。

最后，为了考察取消农业税对县级政府教育供给影响的动态效应，我们设定如下的模型：

$$Y_{it} = \sum_{j=2000}^{2007} \beta_j \cdot Agr_i \cdot I_t^j + X_{it}^{'}\mu + \sum_{j=2000}^{2007} \delta_j \cdot I_t^j + \gamma_i + \varepsilon_{it} \qquad (2-11)$$

其中，I_t^j 为虚拟变量，j 分别取值 2000—2007 年（2004 年除外，因为设定 2004 年为基准年，因此虚拟变量不包含该年）。当 j = t 时，I_t^j = 1，否则为 0。用农业税取消的财政冲击 Agr_i 分别与年份的虚拟变量交乘，我们可以估计出财政冲击对被解释变量在不同时期间的影响。模式（2-11）中 β_j 是感兴趣的参数，如果农业税取消会导致地方政府的教育支出下降，我们预期在这个时点之后，遭受到更大冲击的县会更大幅度地削减公共教育供给。我们预期发现 $\hat{\beta}_{j \geq 2005} < \hat{\beta}_{j<2005} \approx 0$。因此，模式（2-11）可以帮助我们回答财政冲击的效果是即时发生还是逐渐发生，是暂时性还是持久性的问题。

4. 回归结果

表 2-21 汇报了基于模型（2-9）的回归结果，第（1）和（2）列是采用 FD 的估计结果，第（3）和（4）列则是采用 FE 的估计结果。可以发现，核心变量 Agr*Post 的估计系数在 1% 的水平上显著为负，用 FE 估计的系数绝对值更大，显著性程度更高。这说明，受到农业税取消冲击影响较大的县改革后降低了教育支出占比。由于 FE 模型的优势，我们后文主要采用 FE 进行估计，并把表 2-21 第（4）列作为我们基准模型的回归结果。

在取消农业税过程中，大部分县受到冲击导致财政状况变差，然而有些县的财政状况反而改善了，原因在于农村税费改革配套补贴的确定。农业税费改革转移支付额并不是完全和因政策调整造成的收入净减少一一对应的，如果转移支付额度超过农业税收的减少，Agr 为负值。经过计算，我们得到 Agr 为负值的县为 58 个，占总样本的 3.6%。考虑到这些县可能对结果产生的影响，我们删除 Agr 为负值的样本，重新进行基于模型（2-9）的 FE 估计。结果如表 2-21 第（5）列所示，核心变量 Agr*Post 的估计系数为 -1.47，仍然在 1% 的水平上显著，说明前面的结果是稳健的。

表 2－21　双重差分的回归结果

被解释变量	教育支出				
	FD	FD	FE	FE	FE
	(1)	(2)	(3)	(4)	(5)
Agr * Post	-1.03***	-0.99***	-1.88***	-1.82***	-1.47***
	(0.35)	(0.35)	(0.43)	(0.42)	(0.46)
Post	-1.16***	-0.97***	0.05	-0.60***	-0.74***
	(0.14)	(0.14)	(0.18)	(0.16)	(0.17)
人均 GDP 对数		-1.41***		-1.39***	-1.37***
		(0.21)		(0.27)	(0.27)
农业人口比重		-0.02**		-0.01	-0.01
		(0.01)		(0.01)	(0.01)
农业产值占比		-0.04***		-0.03***	-0.03***
		(0.01)		(0.01)	(0.01)
中小学生比重		0.08***		0.23***	0.22***
		(0.03)		(0.03)	(0.03)
财政供养人口比重		0.28		-0.06	-0.00
		(0.24)		(0.15)	(0.16)
Constant			24.97***	35.45***	35.32***
			(0.06)	(2.44)	(2.47)
个体效应	Yes	Yes	Yes	Yes	Yes
年份效应	Yes	Yes	Yes	Yes	Yes
观察值	11171	10612	12767	12470	12033
县的个数	1596	1595	1596	1595	1537
R^2	0.120	0.134	0.213	0.231	0.239

注：括号内县级层面聚类（Cluster）稳健标准误；***、**、*分别表示在1%、5%和10%的水平上显著；FD表示一阶差分，FE表示固定效应，下同。

其他控制变量方面，人均 GDP 对数与教育支出占比之间存在着显著的负相关关系，在其他条件相同的情况下，经济越落后的县，其财政教育支出的比例越高；农业人口比重的估计系数为负，说明城市化水平对公共教育供给具有正向影响；农业产值占比的估计系数在1%的水平上为负，说明农业产值比重较大的地区，财政教育支出比例较低。可能的解释是农业省份对于人力资本的需求小，对教育的重视程度和公共教育投入都比较低；中小学生比重的估计系数至少在5%的显著性水平上为正，由于县级政府主要负担的是义务教育的支出，中小学生越多的县，公共教育供给占比越高。这些估计结果基本与预期相同。

为了与教育支出作比较，我们还分别考察了一般预算内支出的其他项目对农业税取消的反应。首先，把基本建设支出占财政支出之比作为被解释变量，核心解释变量 Agr * Post 的估计系数为 0.59，但在统计上不显著，说明基本建设支出作为具有短期增长效应的项目，并没有受到取消农业税的影响。其次，分别把医疗卫生支出和社会保障支出作为被解释变量，核心变量 Agr * Post 的估计系数在1%的统计性水平上显著为正。

这些结果都说明，教育供给作为政府民生类、福利性的重要支出，处于县级政府多重目标的末位，在财政压力增加、预算紧缩的情况下，县级政府并不是同比例地下降细类支出项目，而是首先考虑压缩教育在财政支出的比例，公共教育支出会被挤出。

表2－22中的第（1）、（2）列汇报了基于模型（2－10）的平行趋势检验。核心变量前的系数依然显著。并且，我们 = 于 $\hat{\rho}_j = 0$ 发现（$j = 2000$—2003），说明受到农业税取消的财政冲击不同的县在改革前的教育支出占比并没有明显的差别，符合“平行趋势假设”。

表2－22中的第（3）、（4）列汇报了基于模型（2－11）的动态效应。从结果中发现 $\hat{\beta}_{j \geq 2005} < \hat{\beta}_{j < 2005} \approx 0$，在进一步验证“平行趋势假设”的基础上，我们发现农业税取消的确会导致地方政府的教育支出下降，且在2005年以后，遭受到更大冲击的县会逐年更大幅度地削减公共教育供给。

表 2－22　平行趋势和动态效应检验

被解释变量	教育支出占财政支出之比			
	FE	FE	FE	FE
	(1)	(2)	(3)	(4)
Agr * Post	-1.62***	-1.74***		
	(0.38)	(0.39)		
Post	-1.00***	-0.70***		
	(0.15)	(0.16)		
Agr * I2000	0.48	0.46	0.48	0.61
	(0.56)	(0.57)	(0.56)	(0.57)
Agr * I2001	0.32	0.32	0.32	0.43
	(0.54)	(0.54)	(0.54)	(0.54)
Agr * I2002	0.73	0.74	0.73	0.78
	(0.52)	(0.51)	(0.51)	(0.50)
Agr * I2003	-0.22	-0.27	-0.22	-0.31
	(0.37)	(0.37)	(0.37)	(0.37)
Agr * I2005			-1.03***	-1.03***
			(0.35)	(0.35)
Agr * I2006			-1.80***	-1.44***
			(0.49)	(0.52)
Agr * I2007			-2.03***	-2.07***
			(0.54)	(0.54)
Control Variables	No	Yes	No	Yes
Constant	24.97***	27.08***	24.97***	35.78***
	(0.06)	(2.23)	(0.06)	(2.45)
个体效应	Yes	Yes	Yes	Yes
年份效应	Yes	Yes	Yes	Yes
观察值	12767	12470	12767	12470
县的个数	1596	1595	1596	1595
R^2	0.190	0.201	0.214	0.232

注：Control Variables 选取与前文一致，下同。

基于表2-22第（4）列回归结果，我们绘制了取消农业税对县级公共教育供给影响的动态效果图（见图2-11），回归系数及显著性也在图中标明。2004年为回归中的基准年，因此Agr和I^{2004}交乘项的估计系数为0，落在图中COEFF=0的横线上。可以看到，Agr和代表2000—2003年虚拟变量的交乘项的估计系数在0附近，与0没有显著性的差别，这说明在取消农业税以前，教育支出占比在受到财政冲击不同的县之间并没有明显的差异，与平行趋势检验的结论一致。但在取消农业税以后，估计系数变成负数，下降幅度逐年增加，从2005年的-1.03下降到2007年的-2.07，且都在5%的水平上显著。财政压力对县级政府公共教育供给的负向效果随着时间的推移越来越大。①

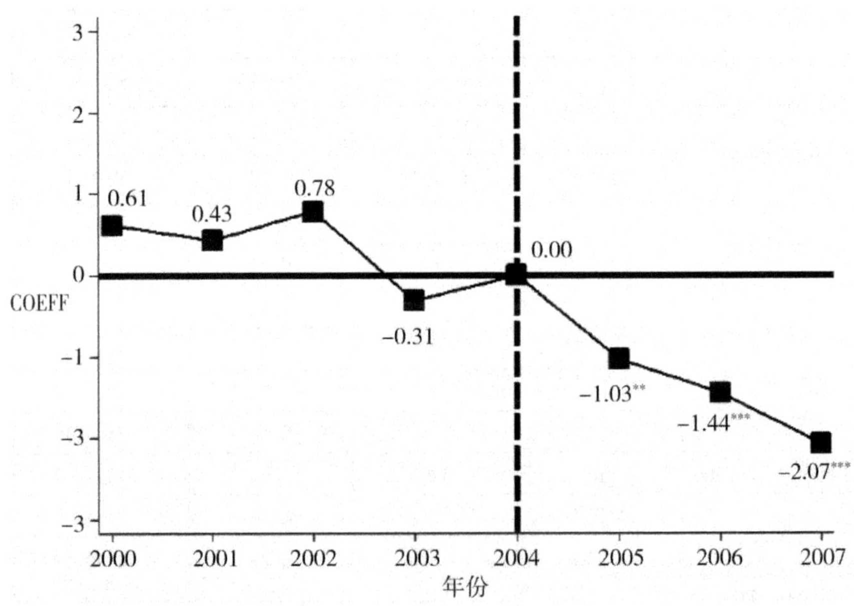

图2-11　动态趋势图

① 由于样本时间跨度所限，我们最多只能考察3年（2005—2007年）的效果。

5. 稳健性检验

（1）财政冲击指标的度量。

与农业税费改革相配套的另一项补助是“取消农业特产税、降低农业税费转移支付补助”。由于该指标缺少2007年的数据，本小节的主体部分没有将该项补助纳入基于式（2-8）的农业税取消对县级政府财政造成的冲击的度量。我们将式（2-8）中的Subsidy定义为此项补助与“农业税费改革转移支付补助”之和，新得到的财政冲击变量为Agr_2。

另外，式（2-8）采用2002—2004年的作为改革前的数据，主要考虑大规模的农村税费改革转移支付补助发生在2002年之后。如果我们把改革前的年份设为2000—2004年，重新定义财政冲击变量Agr_3：

$$Agr_{3i} = \frac{Agr\_tax_{i,2000-2004} + Subsidy_{i,2000-2004}}{total\_tax\_rev_{i,2000-2004}} - \frac{Subsidy_{i,2005-2007}}{total\_tax\_rev_{i,2005-2007}} \tag{2-12}$$

其中，$Agr\_tax_{i,2000-2004}$、$Subsidy_{i,2000-2004}$和$total_tax_rev_{i,2000-2004}$分别为取消农业税前2000—2004年的农业税收收入、农村税费改革专项转移支付和税收总收入。实际上，$Subsidy_{i,2000-2004}$和$Subsidy_{i,2002-2004}$并无本质区别。

在式（2-12）式的基础上，我们再次将“取消农业特产税、降低农业税费转移支付补助”纳入Subsidy的计算，得到另一个衡量财政冲击变量为Agr_4。

Agr、Agr_2、Agr_3和Agr_4两两相关系数均在0.7以上，呈现高度的正向相关关系。我们利用这4个衡量财政冲击的变量，基于模型(2-9)进行回归，结果如表2-23所示，发现不同的财政冲击指标与Post的交互项的估计系数在-2.82～-1.63，并且都在1%的水平上显著。说明无论使用哪个财政冲击的指标，对核心结论没有影响。

表 2-23 财政冲击指标的不同度量方法

被解释变量	教育支出占财政支出之比			
	FE	FE	FE	FE
	(1)	(2)	(3)	(4)
Agr * Post	-1.82***			
	(0.42)			
Agr2 * Post		-2.82***		
		(0.47)		
Agr3 * Post			-2.35***	
			(0.43)	
Agr4 * Post				-1.63***
				(0.37)
Post	-0.60***	-0.95***	-0.76***	-1.22***
	(0.16)	(0.09)	(0.11)	(0.08)
Control Variables	Yes	Yes	Yes	Yes
Constant	35.45***	34.73***	35.57***	34.72***
	(2.44)	(2.41)	(2.42)	(2.42)
个体效应	Yes	Yes	Yes	Yes
年份效应	Yes	Yes	Yes	Yes
观察值	12470	12470	12470	12470
县的个数	1595	1595	1595	1595
R^2	0.231	0.234	0.233	0.231

(2) 其他稳健性检验。

①使用其他的稳健标准误。

基准回归中我们采取了聚类到县级的稳健标准误。事实上，我们还可以使用其他的聚类稳健标准误以消除县与县之间的横截面相关及同一个市或省的序列相关。为此，我们分别采取聚类到市级层面、省级层面的稳健标准误及 Bootstrap 标准误进行稳健性检验。表 2-24 显示的是变换稳健标准误之后的回归结果。第（1）～（3）列分别是聚类到县级、市级和省级标准误的回归结果，第（4）～（6）列则是聚类到县级、市级和省级的 Bootstrap 稳健标准误。所有的系数都在 5% 的显著性水平上显著，说明结果是稳健的。

表 2－24　变换标准误的稳健性检验

被解释变量	教育支出占财政支出比重					
	(1)	(2)	(3)	(4)	(5)	(6)
Agr*Post	-1.823***	-1.823***	-1.823**	-1.823***	-1.823***	-1.823**
	(0.42)	(0.60)	(0.70)	(0.42)	(0.61)	(0.76)
Post	-0.600***	-0.600***	-0.600*	0.841***	0.841**	0.841
	(0.16)	(0.21)	(0.30)	(0.23)	(0.36)	(0.53)
人均 GDP 对数	-1.390***	-1.390***	-1.390***	-1.390***	-1.390***	-1.390***
	(0.27)	(0.39)	(0.47)	(0.28)	(0.42)	(0.45)
农业人口比重	-0.0086	-0.0086	-0.0086	-0.0086	-0.0086	-0.0086
	(0.01)	(0.01)	(0.01)	(0.01)	(0.01)	(0.01)
农业产值占比	-0.0338***	-0.0338***	-0.0338**	-0.0338***	-0.0338***	-0.0338**
	(0.01)	(0.01)	(0.01)	(0.01)	(0.01)	(0.01)
中小学生比重	0.227***	0.227***	0.227***	0.227***	0.227***	0.227***
	(0.03)	(0.03)	(0.05)	(0.03)	(0.03)	(0.05)
财政供养人口比重	-0.0556	-0.0556	-0.0556	-0.0556	-0.0556	-0.0556
	(0.15)	(0.17)	(0.19)	(0.15)	(0.18)	(0.21)
Constant	35.45***	35.45***	35.45***	35.45***	35.45***	35.45***
	(2.44)	(3.64)	(4.28)	(2.70)	(3.72)	(4.24)
个体效应	Yes	Yes	Yes	Yes	Yes	Yes
年份效应	Yes	Yes	Yes	Yes	Yes	Yes
聚类层次	县级	市级	省级	Bootstrap 县级	Bootstrap 市级	Bootstrap 省级
观察值	12470	12470	12470	12470	12470	12470

续表

被解释变量	教育支出占财政支出比重					
	(1)	(2)	(3)	(4)	(5)	(6)
R2	0. 231	0. 231	0. 231	0. 231	0. 231	0. 231
县的个数	1595	1595	1595	1595	1595	1595

注：＊＊＊、＊＊、＊分别表示在1%、5%和10%的水平上显著。

②选取样本。

农村税费改革首先在安徽、江苏等地试点，2005 年全国统一取消了农业税。那么，一个自然的疑问就是为什么不把这些试点的地区作为农业税取消前的处置组，把其他没有试点的地区作为对照组，进行分析？本小节的基本计量模型把 2005 年取消农业税作为共同的冲击，不区分 2005 年前的试点地区和非试点地区，这么处理是否会影响双重差分方法的有效性？

第一，试点地区具有自我选择性问题，因此若把试点地区作为处置组会导致回归中的内生性问题。这里的自我选择性包含两方面的含义：其一，样本是选择的。从实际操作来看，选择试点地区，基本上是中央政府及省级政府根据地方的情况和意愿做出的决策，有的则是地方自主参与（如江苏省）。其二，农业税减免的幅度是选择的。作为试点的地区，中央政府并没有强行规定其农业税减免的幅度，而是给予试点地区充分的自由度进行改革。当然，作为改革的大方向，农业税费肯定是不断地减少。但从县级政府财政税收的数据上不难发现，即使试点地区，大多数也没有在 2005 年前完全免征农业税。鉴于以上两方面的考虑，本节没有把试点地区单独作为处置组进行研究。

第二，本小节采用的财政冲击的度量方法，使得双重差分的方法依然有效。原因在于，财政冲击 Agr_i 比较的是 2005 年前后农业税及相关转移支付收入的变化。如果试点地区的农业税在 2005 年已经减少，那么在 2005 年全国统一取消农业税时该地区所受到的短期冲击也会比较小，不会对 2005 年以后的财政支出结构造成很大的影响。试点地区本应该受到的财政冲击被提前试点改革平滑掉了，因此这些地区的教育支出变化也会较为平滑，从而在 2005 年前后不应该会有太大的差别。按照模型（2－9）进行双重差分估计依然有效。

图 2－12 展示了安徽省在废除农业税后受到的财政冲击的分布。图 2－13 呈现了江苏省在废除农业税后受到的财政冲击的地理分布。从图中可知，即使安徽省和江苏省早在 2005 年之前已经实行试点改革，这些试点省份在 2005 年之后仍然承受了相当大一部分的财政收入损失。这表明我们的估计策略依然是有效的。

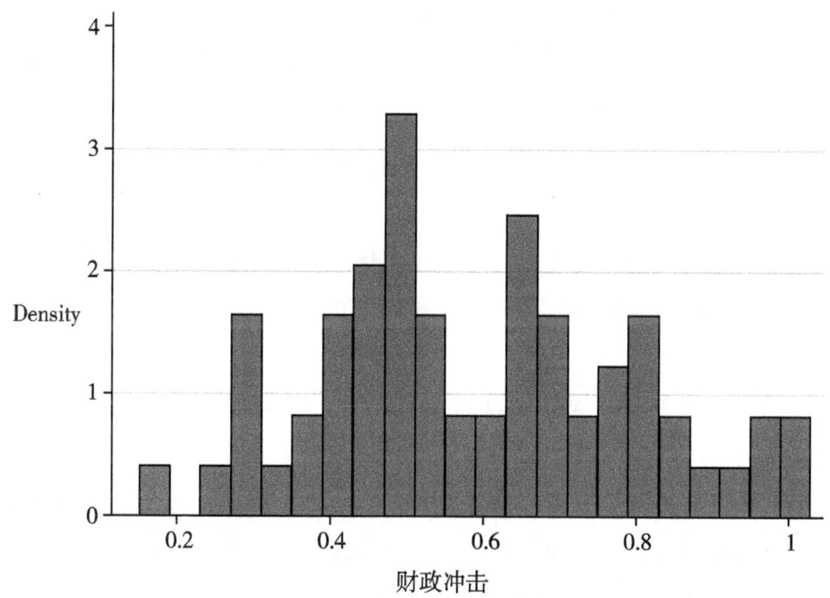

图 2－12　安徽省财政冲击分布

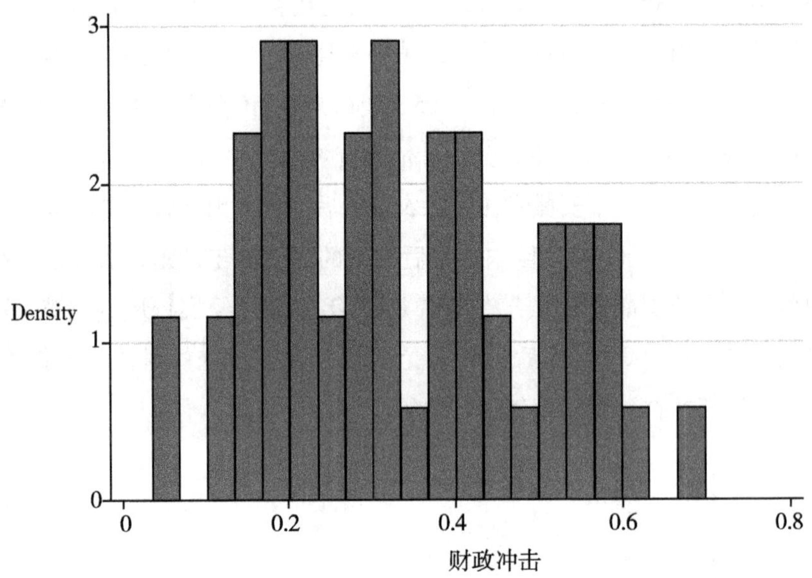

图 2－13　江苏省财政冲击分布

为了检验基本模型结果的稳健性，我们尝试把安徽和江苏两个率先试点的大省从样本中剔除，再进行回归，表 2－25 第（2）列汇报了结果，发现估计系数不论是大小，还是显著性都没有发生本质的变化。

此外，由于西部省份（自治区）与东、中部省份在经济状况、社会环境和自然资源方面都差距较大，并且由于多为民族自治区，财政压力比东中部更为严重，更依赖上级的转移支付。此外，中央对其实施农村税费改革的步骤和计划都与东、中部存在较大差异。因此，我们剔除西部省份（自治区）样本①，重新对基本模型（2－9）进行估计。表 2－25的第（3）列汇报回归的结果。Agr 和 Post 交乘项的估计系数为 －1.96，绝对值大于基准模型的估计系数，并且在 1% 的统计性水平上显著。说明东中部地区的县级政府的公共教育供给行为对取消农业税的

① 西部省份（自治区）包括内蒙古、广西、四川、贵州、云南、西藏、陕西、青海、宁夏、重庆、甘肃和新疆。

财政冲击的反应更为敏感。

采用2005年取消农业税作为准实验，进行双重差分估计失效的一个可能性就是，同时期存在其他的改革，使得因果关系不可识别。因此我们还考虑了样本期内与财税有关的三次改革：所得税分享改革、增值税转型改革试点和“省直管县”改革。

首先，我们考虑所得税分享改革。2002年之前，国有企业根据隶属关系缴税，中央国企的税收上缴中央，地方国企的税收上缴给地方政府。自2002年起，企业和个人所得税在中央和地方之间进行分享。这项改革也会减少基层政府的税收收入，增加财政压力。为了排除所得税分享改革的影响，我们剔除2002年之前的样本，进行子样本回归，表2-25第（4）列汇报了结果，各系数的方向和显著性都没有发生变化，说明此次改革对核心结果并无影响。

表2-25　稳健性检验（一）

被解释变量	教育支出占财政支出之比			
	FE	FE	FE	FE
	(1)	(2)	(3)	(4)
Agr * Post	-1.82***	-2.12***	-1.96***	-1.69***
	(0.42)	(0.42)	(0.65)	(0.39)
Post	-0.60***	-0.47***	-0.91***	-1.69***
	(0.16)	(0.16)	(0.23)	(0.18)
Control Variables	Yes	Yes	Yes	Yes
Constant	35.45***	35.35***	36.55***	34.64***
	(2.44)	(2.45)	(2.88)	(2.66)
个体效应	Yes	Yes	Yes	Yes
年份效应	Yes	Yes	Yes	Yes
观察值	12470	11566	8349	9297
县的个数	1595	1482	1067	1595
R^2	0.231	0.225	0.31	0.282

其次，2004 年东三省八大产业增值税转型改革试点。增值税改革的实质是将生产型增值税转为消费型增值税，从税收方面减轻企业的负担。但从地方政府的角度来看，这一改革也减少了财政收入，增加了财政压力。为了消除此次改革的干扰，我们可以把东三省的样本剔除，结果见表 2 - 26 第（1）列。各系数的方向和显著性十分稳健，因此可以排除此次改革对基本结论的影响。

再次，从 2002 年起，浙江、湖北、广东等地开始探索“省直管县”改革。“省直管县”改革是指省市县行政关系由“省—市—县”三级体制转变为“省—市县”两级体制，具体形式包括“扩权强县”和“县财省管”等。“扩权强县”改革主要是把地级市的部分社会经济管理权限下放到县，内容涉及计划管理、经费安排、项目申报、用地报批等方面，赋予县级政府更多的经济管理权限，目的在于增加县域经济活力，促进经济增长。“县财省管”改革，目标在收支划分、转移支付、预算决算等财政领域实行省对县的直接管理。“省直管县”改革有可能会改变县级政府的压力，从而对教育供给产生影响。为了排除“省直管县”改革可能对基准模型估计结果的影响，我们在基本模型中加入改革两种形式的虚拟变量，赋值的方法是：如果某县属于“扩权强县”改革试点，reform1 = 1，否则为 0。如果某县属于“县财省管”试点，reform2 = 1，否则为 0。

表 2 - 26 第（2）和（3）列为分别引入 reform1 和 reform2 的估计结果，第（4）列则是同时控制住两者的结果。Agr 和 Post 的交互项的估计系数和显著性水平十分稳健，说明“省直管县”改革并没有影响取消农业税财政冲击的效果，因果关系是可以识别的。另外，reform1 和 reform2 的估计系数都为负，但是只有 reform1 的估计系数保持在 1% 的水平上显著。可能的解释是，“扩权强县”主要侧重于简化项目审批和投资方面的程序，试点县拥有更大的经济管理自由裁量权，政府还是会选择优先短期内经济绩效显著的基础设施建设项目进行投入，教育支

出占财政支出之比显著下降。而“县财省管”更多地实行财政上省级政府和县级政府对接，直接缓解了县级政府的财政压力。相比较而言，实行“县财省管”的试点县并不会降低公共教育供给。

前面的结果反映了县级政府提供公共教育的能力和意愿之间的关系。取消农业税加重县级政府的财政困难，从而降低了县级政府提供公共服务的能力，在面对更加紧缩的财政预算约束，县级政府会更大幅度降低教育支出占比来调整支出结构。如果通过实行“县财省管”改革，从财政上直接缓解县级政府压力，县级政府则有一定能力支付公共教育，对公共教育供给是有好处的。但是，如果通过“扩权强县”改革，县级政府拥有更大的经济发展自主权后，却优先安排基本建设支出项目，以求获得更高速的短期经济增长。

此外，我们还考虑了2005年农村建立义务教育经费保障，对中小学教师工资进行转移支付补助，以及2003年和2006年实施的西部大开发和中部崛起在转移支付方面的倾斜，重新度量财政冲击，结果并没有对结论造成影响。

表2-26　稳健性检验（二）

被解释变量	教育支出占财政支出之比			
	FE	FE	FE	FE
	(1)	(2)	(3)	(4)
Agr*Post	-1.65***	-1.91***	-1.72***	-1.85***
	(0.43)	(0.42)	(0.42)	(0.41)
Post	-0.59***	-0.46***	-0.61***	-0.47***
	(0.16)	(0.16)	(0.16)	(0.16)
reform1		-0.82***		-0.78***
		(0.15)		(0.15)
reform2			-0.39**	-0.21
			(0.19)	(0.19)

续表

被解释变量	教育支出占财政支出之比			
	FE	FE	FE	FE
	(1)	(2)	(3)	(4)
Control Variables	Yes	Yes	Yes	Yes
Constant	35.75***	35.84***	35.57***	35.89***
	(2.67)	(2.43)	(2.44)	(2.43)
个体效应	Yes	Yes	Yes	Yes
年份效应	Yes	Yes	Yes	Yes
观察值	11429	12470	12470	12470
县的个数	1462	1595	1595	1595
R^2	0.222	0.235	0.232	0.235

三、本章总结

本章将关注点集中在公共服务的供给上，探讨了体制改革和财政压力如何影响了地方政府的公共服务供给行为。我们首先回顾了相关理论和文献，梳理了中国财政体制演变的历史后，接着利用2000—2007年县级和地市级数据，使用双重差分的方法，借助“省直管县”改革和农村税费改革从实证上考察了体制改革及财政压力改变对公共服务供给的影响。研究结果表明：“省直管县”改革对县级政府人均教育支出增长率有正向影响，背后的驱动力量来自财政领域的“省直管县”改革：“县财省管”改革使得人均教育支出增长率提高约3.6个百分点。但是，“县财省管”改革的效果主要发生在短期，“扩权强县”改革对于县级政府的教育供给的长期促进作用更强。另外，“扩权强县”改革有效地改善了地级市内区县教育资源分配不均衡程度。然后，利用农村税费改革作用县级政府财政压力改变的度量，发现财政压力对县级政府公共教育供给具有负向影响，即财政收入受取消农业税冲击越大的县，改革后教育支出占比下降得越多。财政压力对县级政府公共教育供给具有负向影响。具体而言，考虑农业税费改革配套补贴以后的冲击每增加 10%，则县级政府教育支出占财政支出之比就下降约 0.182%。由于取消农业税对县级财政的冲击强度在全国平均为 32%，因此财政性教育支出占比平均下降了 0.582%。我们还发现财政压力对县级政府公共教育供给的负向效果随着时间的推移逐渐增大，长期效果更为明显。

从政府间关系的角度，我们的研究支持了“省直管县”改革对公共教育供给的促进作用。不过我们的分析表明，虽然通过财政上缩减政府层级，缓解县级政府的资金困难，有利于增加公共教育供给。但是这种效果只体现在短期。如果要从长期根本解决公共教育供给不足的问题，改善城乡教育资源分配不均衡的问题，必须建立与社会主义市场经济体制相适用的科学发展模式，建立权责一致、分工合理的政府管理体制，激发县域经济社会发展的内生动力，充分发挥县级决策自主权和要素资源优化配置的优势。

从财政压力的角度，本章的研究结论也具有重要的政策意义。

第一，当县级政府的财政压力变大时，公共服务支出会显著下降。如果上级政府能通过基础教育的匹配性转移支付等方式缓解县级政府的财政困难、保障县级政府的基本财力，就能为增加公共教育供给做出一定的贡献。

第二，当县级政府财政资金充裕且拥有充分自主权的时候，会优先安排基础设施建设等具有短期增长效应的项目。那么，通过转移支付给予资金上的支持缓解县级政府的财政困难，可能还不够，对于增强县级政府自主性的改革应该慎重。解决此问题的一个办法是，重新考虑义务教育支出职责在多级政府之间的划分，将支出职责转移到较高层级的政府。

第三，教育支出作为公共服务中的重点支出，曾经是“双挂钩”：

既与国内生产总值挂钩又和财政收支增幅挂钩。即便如此，财政性教育经费占 GDP 比例 4% 和占财政支出 15%，直到 2012 年才得以实现。党的十八届八中全会提出：清理规范重点支出同财政收支增幅或生产总值挂钩事项，一般不采取挂钩方式。那么，取消挂钩之后，地方政府对教育等公共服务投入会不会进一步减少？县级政府将会如何调整财政支出结构呢？我们的研究结论也对此问题给予了一定的回答，如果要增加地方政府的公共教育供给，应该从激励入手，把教育等公共服务供给纳入地方政府的考核指标，加强地方政府的问责制。

第三章　地方政府土地出让行为

地方政府有进行基础设施建设以发展本地经济的激励。大规模的基础设施建设需要巨额的资金。在分税制改革的背景下，地方政府财政能力减弱，为此需要寻找新的财源。除此之外，地方政府可通过出让土地获得资金。地方政府还可以通过设立各种土地储备中心和投融资平台，利用土地作为抵押品向银行贷款，这种方式可以称为“土地金融”。地方政府利用巨大的土地红利推动了过去几十年来中国的基础设施建设，然而随着经济环境的变化，这种“以地谋发展”的增长模式可持续性逐渐下降。本章主要研究地方政府在两种土地融资模式间的决策行为。

一、背　景

土地作为最基本的生产要素之一，是在进行社会生产经营活动时所必需的资源投入。土地制度规范了土地资源占有和分配的关系，是维系国民经济平稳运行的制度基础。良好的土地制度能提高社会生产力，实现政治稳定，促进社会进步。本节主要通过介绍中国土地制度的发展历程，以期对中国土地制度的情况有一个总体的把握。

（一）近代以前的土地制度发展

中国幅员辽阔，但土地资源分布却并不均衡，如何建立一个合适的土地制度是近代以前统治者最为关心的问题。在西周时期，井田制是最为主要的土地制度。西周时期，土地被道路和渠道分割成一定面积的方块，如同“井”字一般，因此被称为“井田”。在井田制下，土地为天子所有并分封给各诸侯。井田不被允许买卖或者转让，各诸侯还要上缴一定的贡赋。井田制一直维持到了战国时期。在秦国商鞅变法的推动下，井田制被废除，土地开始可以自由买卖并被私人占有，这大大推动了秦国的经济发展，增强了军队战斗力，但也导致了土地兼并严重。到了西汉时期，为了吸取秦朝的教训，防止土地兼并严重，贵族只能按照其爵位等级获得一定数量的土地。三国时期较为盛行的是屯田制。为了解决军队的粮食问题，曹操接受了手下谋士的建议，把大量无人耕种的土地收归国有，然后把流民聚集起来在这些无人耕种的土地上进行开垦耕种，获得的收成按照一定比例在国家和流民之间分配。屯田制解决了军队的粮食短缺问题，使得魏国在军事上占据了优势。随着屯田制的实施，国家能获得的分成比例越来越高，屯田制也宣告废止。北魏和唐朝前期实行的是按人口分配土地的均田制，国家按照男性劳动力的人数分配一定数量的无主土地，根据具体情况这些土地可以在一定年限后归其所有或者交还国家。均田制的实行也在初期发挥了一定的积极作用，但也随着土地兼并的盛行不能维持下去。公元780年，“两税法”实行，标志着均田制的结束。宋朝是土地私有制空前繁荣的时期，此后土地私有制一直存在。土地私有制促进了土地市场的兴盛，是近代资本主义萌芽的基础。

（二）近代以来的土地制度发展

进入19世纪，太平天国颁发了《天朝田亩制度》，宣扬“凡天下田，天下人同耕”的思想。太平天国根据土地质量将土地分为九等，好坏搭配不分男女的平均分配给16岁以上民众，15岁以下的民众则可以分到半份。到了20世纪初，孙中山提出了“民族、民权、民生”的三民主义，其中民生主义最重要的两个原则就是“平均地权”，实现耕者有其田。为此，1927年国民政府建立后，《土地法》《土地法施行法》

等相继颁布，但始终没有实现“平均地权”的目标。相比之下，中国共产党的“八七会议”明确提出，没收大中地主和一切所谓公产的土地，分给无地农民或者佃农，拉开了土地革命的序幕。随后，“打土豪、分田地”运动在各根据地陆续开展，其目标为变封建半封建的土地所有制度为农民的土地所有制，大大调动了农民革命的积极性。1947 年 7 月，中共中央工作委员会召开全国土地会议。同年 9 月，《中国土地法大纲》通过并于 10 月 10 日由中共中央正式公布施行。《中国土地法大纲》彻底废除了封建性及半封建性剥削的土地制度，规定实行耕者有其田的土地制度，规定保护民族工商业的发展，规定设立人民法庭。大纲的颁布促进了社会生产力的发展，为解放战争的胜利奠定了物质基础。

（三）中华人民共和国成立以来的土地制度发展

中华人民共和国成立以来，土地问题始终是工作的重心。为了建立一套能适应中国国情及促进经济社会发展的土地制度，党和国家一直在不断探索和改革。

1. 土地改革时期

为了提高农村生产力和农民生活水平，1950 年中央人民政府颁布了《中华人民共和国土地改革法》。该法规定废除地主阶级封建剥削的土地所有制，实行农民的土地所有制。该法的公布使得 7 亿亩（一亩≈666 平方米）土地和大量的农具、牲畜和房屋被分配给近 3 亿无地少地的农民。在这场有计划、有领导、有秩序的土改运动中，农民还被免除了每年向地主缴纳的地租。土地改革运动具有十分重要的意义，不仅解放了农村的生产力，调动了农民的生产积极性，为实施国家工业化打下了良好的基础，而且还进一步巩固了工农联盟和人民民主专政。

2. 农业社会主义改造时期

农业社会主义改造时期是与土地制度相关法案陆续出台的时期。1954 年，第一部《中华人民共和国宪法》（以下简称《宪法》）颁布。

《宪法》规定了农民的土地所有权和生产资料所有权得到国家法律的保护。然而，随着农业社会主义改造进程的加速，农民土地所有制逐渐转为平均分配的集体所有制。1955 年，《农业生产合作社示范章程草案》颁布，规定了社员的土地必须交给农业生产合作社统一使用。1956 年，《高级农业生产合作社示范章程》颁布，把农民私有化的土地实行无偿转为集体所有。这些法案的颁布使得农业社会主义改造运动经历了从互助组到初级社再到高级社的变化。1958 年人民公社化运动把农业社会主义改造运动推向了高潮，1962 年又颁布了《农村人民公社工作条例修正草案》规定回到“三级所有，队为基础”的农村集体所有制度。另外，在这一时期，随着国家朝着建设工业化的目标前进，征地制度的建立也提上了日程。1953 年《宪法》的第十三条规定：“国家为了公共利益的需要，可以依照法律规定的条件，对城乡土地和其他生产资料实行征购、征用或者收归国有”。1953 年 11 月 5 日，《国家建设征用土地办法》（以下简称《办法》）在政务院第一百九十二次会议通过，并于 1957 年 10 月 18 日国务院全体会议第五十八次会议修正。《办法》详细地解释了适用于征地的情况，以及征地后的补偿安置方案。《办法》认为，征地的情况适用于国家兴建厂矿、铁路、交通、水利、国防等工程，进行文化教育卫生建设、市政建设和其他建设等情况。在征用土地方面，应该尽量用国有、公有土地调剂，无法调剂的或者调剂后对被征用土地者的生产、生活有影响的，应该发给补偿费或者补助费，补偿费标准由当地人民委员会会同用地单位和被征用土地者共同评定，一般来说，以土地最近 2 ~4 年的定产量的总值为标准，对于茶山、桐山、鱼塘、藕塘、桑园、竹林、果园、苇塘等特殊土地，可以根据具体情况变通办理。

3. 改革开放时期

随着国家由计划经济向市场经济转型，土地制度也发生了巨大变化。在农村，家庭联产承包责任制取代了人民公社体制。虽然在家庭联产承包责任制下，土地依然是公有的，但农民获得了生产和分配的自主权，这就极大地激发了农民的生产积极性。家庭联产承包责任制的效果非常明显。如表3-1所示，从1978年开始实行家庭联产承包责任制以后，农业增长率从2.9%迅速提高到7.7%。从农业的各个分产业来看，种植业从2.5%的平均增长率上升到5.9%，畜牧业从4.0%提高到10.0%，林业由9.4%攀升到14.9%，副业则从11.2%迅速升高到19.4%。渔业的增长率有所下降，但主要原因是1952年的基准水平太低，导致1952—1978年渔业平均增长率较高。

表3-1　1952—1987年农业平均增长率（单位:%）

产业＼年份	1952—1978年	1978—1984年
农业	2.9	7.7
种植业	2.5	5.9
畜牧业	4.0	10.0
渔业	19.9	12.7
林业	9.4	14.9
副业	11.2	19.4

数据来源：林毅夫，《制度、技术与中国农业发展》，格致出版社，2008。

注：农业包括种植业、畜牧业、渔业、林业和副业。1952年，它们在农业中的份额分别为83.1%、11.5%、0.3%、0.7%、4.4%；1987年在农业中的份额分别为60.7%、22.8%、4.7%、4.8%、7.0%。

1982年，为了适应经济发展形势，五届全国人大五次会议通过了修订的《宪法》。《宪法》第十条规定，城市的土地属于国家所有，而农村和城市郊区的土地，除由法律规定属于国家所有的以外，则属于集体所有，宅基地和自留地、自留山，也属于集体所有。国家为了公共利益的需要，可以依照法律规定对土地实行征用。任何组织或者个人不得侵占、买卖、出租或者以其他形式非法转让土地。这是城乡两种土地所有制并存的开始。紧接着的 1986 年，第一部《土地管理法》出台。《土地管理法》进一步以法律的形式确认了城乡实行的是不同的两种土地所有制，较为详细地说明了国家建设用地和乡（镇）村建设用地的使用事项，明确地规定了国务院土地管理部门主管全国土地的统一管理工作，县级以上地方人民政府土地管理部门主管本行政区域内的土地的统一管理工作，机构设置由省、自治区、直辖市根据实际情况决定，乡级人民政府负责本行政区域内的土地管理工作。

随着向市场经济转轨的步伐不断加快，一直以来以无偿使用为特点的国有土地使用制度逐渐不适应经济发展情况。1981 年 11 月，深圳特区首先开始征收部分土地使用的费用。1987 年 7 月 1 日，深圳市政府又提出以土地所有权与使用权分离为指导思想的改革方案，确定可以将土地使用权作为商品转让、租赁、买卖；9 月 8 日，深圳市以协商议标形式出让有偿使用的第一块国有土地；9 月 11 日以招标形式出让第二块国有土地；12 月 1 日又以拍卖形式出让第三块国有土地使用权，这是中华人民共和国成立后的首次土地拍卖活动，开启了土地有偿使用的序幕。随着深圳试点经验的积累，1988 年 4 月 12 日，第七届全国人民代表大会第一次会议通过了《宪法修正案》，其规定土地使用权可以依照法律的规定转让。1988 年 12 月 29 日，在宪法被修正的前提下，第七届全国人大常委会第五次会议也对《中华人民共和国土地管理法》做了相应的修改，明确了国有土地和集体所有土地使用权可以依法转让国家依法实行国有土地有偿使用制度。这些法案的修改奠定了有偿出让土地的法律基础。此后，1990 年 5 月 19 日，国务院又颁布了《中华人民共和国城镇国有土地使用权出让和转让暂行条例》（国发〔1990〕55 号）。1994 年 7 月 5 日，第八届全国人民代表大会常务委员会第八次会议通过了《中华人民共和国城市房地产管理法》。这些法案的实施有利于城镇国有土地的出让、出租、抵押和转让市场的建立。土地市场的建立和运转使得土地的价值被充分发挥，推动了当时经济的快速增长。

1998 年，《土地管理法》进行了第二次修订，这次的修订强调了要加强土地管理，维护土地的社会主义公有制，保护、开发土地资源，合理利用土地，切实保护耕地，促进社会经济的可持续发展。其中，第四条明确了国家要实行土地用途管制制度，国家编制土地利用总体规划，规定土地用途，将土地分为农用地、建设用地和未利用地。严格限制农用地转为建设用地，控制建设用地总量，对耕地实行特殊保护。此外，新修订的《土地管理法》增加了关于土地总体规划的第三章，强调各级人民政府应当依据国民经济和社会发展规划、国土整治和资源环境保护的要求、土地供给能力及各项建设对土地的需求，组织编制土地利用总体规划。这些新修订的条例进一步完善了土地制度，促进了土地市场的良好运转。

随着外部环境的变化和内部改革的推进，更多的土地制度相关法案出台。2004 年 10 月 21 日，国务院下发了《国务院关于深化改革严格土地管理的决定》（国发〔2004〕28 号），这份文件强调了严格执行土地管理法律法规的重要性。2006 年 7 月 13 日和 2006 年 8 月 31 日，国务院分别下发了《国务院办公厅关于建立国家土地督察制度有关问题的通知》和《关于加强土地调控有关问题的通知》（国发〔2006〕31 号），强调了要加强土地管理工作和土地宏观调控，完善土地执法监察体系，保证经济社会的可持续发展。此外，相关的法律法规文件还包括《关于严格执行有关农村集体建设用地法律和政策的通知》（国办发〔2007〕71 号）及《关于促进节约集约用地的通知》（国发〔2008〕3 号）等，这些文件的下发使得土地管理制度得到不断地完善。

中国的土地制度经历了一个不断发展完善的过程，在过去的经济增长中起到了举足轻重的作用。2008 年以来，地方政府设立各种土地储备中心和投融资平台，利用土地资源获得银行贷款投资各种基础设施建设。这种土地金融行为加大了系统性金融风险。因此，有必要从多个角度对地方政府的土地经营行为进行理论和实证上的细致分析，从而为我国的下一轮经济发展提出更有价值的建议。

二、城镇化与土地融资

地方政府利用土地资源进行融资以加强基础设施建设推进城镇化是过去几十年来中国经济高速发展的原因之一。地方政府的土地融资方式有两种：一是地方政府可以利用“土地财政”进行融资，即依靠出让土地获得财政收入。二是地方政府可以通过设立各种土地储备中心和投融资平台利用土地作为抵押品向银行贷款，这种方式我们称之为“土地金融”。值得注意的是，事实上，由于土地供给量是刚性的，两种融资方式还存在一定的替代关系。土地出让虽然能一次性获得大量收入，但却转让了使用权。而土地抵押获得贷款的方式，虽然要偿付利息，但使用权还在地方政府手上，地方政府能通过观察市场变动对土地进行再操作。因此，地方政府对两种土地融资方式还存在着权衡取舍。本节主要聚焦地方政府对两种土地融资方式如何权衡选择，以及其融资决策对基础设施建设的影响。

（一）城镇化进程回顾

党的十八大报告指出，坚持走中国特色的新型工业化、信息化、城镇化和农业现代化道路。2016 年 2 月 6 日，《中共中央国务院关于进一步加强城市规划建设管理工作的若干意见》印发，文件明确了要走具有中国特色的城镇化发展道路，勾画出了新型城镇化发展的路线图。这些文件的下发体现了推进城镇化在经济社会发展中的重要性。当前，外部环境和内部改革进程都在发生变化。从外部环境来看，全球经济在放缓，贸易保护主义抬头，国际经济的不稳定性在增加，传统的以出口为导向的工业化道路越来越不可持续。从内部改革进程来看，改革已步入深水区，人口老龄化和城乡差距的加剧进一步加剧了改革的压力。这些都表明，走高质量的城镇化发展道路是开启新一轮经济高速增长的关键。中国的城镇化建设与地方政府的土地融资决策密切相关。地方政府利用掌控的土地资源进行基础设施建设投资促进城镇化的高度发展。

中国的城镇化发展具有明显的阶段性。改革开放以前，中国的城镇化主要以政府推动为主。1978 年改革开放以后到 1991 年这一阶段的城镇化的主要特点则是乡镇企业的蓬勃发展。1992 年至今，中国的城镇化发展又表现出中心城市向外扩展形成城市群的特点。

（1）以政府推动为主的城镇化发展（1949—1978 年）。

1978 年以前，我国实行的是计划经济体制。在计划经济体制之下，城镇化进程主要是政府主导的。这一阶段的城镇化随着中国发展历程呈现出在城镇化与逆城镇化之间循环往复的特点。在经历了多年战争后，1949 年中华人民共和国成立初期，城市仅有 132 座，5.42 亿的总人口中仅有 5765 万人为城镇人口，城镇化率仅为 10.64%①。1949—1952 年，经过三年的休养生息，城镇化率有所上升。1953 年开始实行的第一个五年计划加速了城镇化进程。在苏联及一些东欧国家的资金与技术支持下，中国建设了 156 个重点工业项目。重点工业项目的设立推动了一批工业城市的兴起，太原、包头、鞍山及众多东北城市开始迈入工业化发展阶段。在“一五”计划完成后，城市数量增加到了 176 个，年均增长 5 个，城市人口达到了 9949 万人，年均增长 464.89 万人，城镇化率达到了 15.39%，年均提高 0.59 个百分点。

“一五”计划后随之而来的是“大跃进”运动。在“鼓足干劲、力争上游、多快好省地建设社会主义”总路线的指导下，工业化建设进入了高潮，带动了大量农村居民向城市涌入。“大跃进”的三年使得城镇数量又增加了 23 个，城镇人口增加到 13073 万人，平均每年增加 1040 万人，城镇化率达到了 19.75%，平均每年提高 1.45 个百分点。

① 数据来源：鹏元评级研发部课题组，《我国城镇化的历史进程回顾》，2015 年 3 月。

1964—1966 年是经济恢复期，这段时期的城镇化率随着经济社会的逐步稳定再次有所上升。1966—1978 年，我国的总人口从 7.45 亿人上升到了 9.63 亿人，但城镇人口仅从 1.33 亿人增长至 1.72 亿人，城镇化率从 17.86% 缓慢升高到 17.92%，13 年间仅提高了 0.06%，城市数量只增加了 22 个。

（2）乡镇企业蓬勃发展推动的城镇化（1979—1992 年）。

1978 年开启的改革开放是中国历史上的重要转折点。在家庭联产承包责任制的作用下，农民的积极性被大大调动，农村生产率得到快速提升，困扰了中国多年的农产品短缺问题也得到了解决。在这种情况下，大量的农村剩余劳动力被释放，为城镇化的快速发展奠定了基础。多余的农村劳动力开始兴办乡镇企业，乡镇企业的蓬勃发展带动了众多小城镇的发展。这一时期，深圳、珠海、厦门和汕头被划为了经济特区，与之后被批准为沿海开放城市的大连、秦皇岛、天津、烟台、青岛、连云港、南通、上海、宁波、温州、福州、广州、湛江、北海共同享有各种优惠政策。这些城市的发展也提高了城镇化率。1992 年，城市数量已经达到了 517 个，建制镇则大幅增长至 14135 个，城镇人口增加至 3.22 亿人，城镇化水平上升至 27.46%[①]。

（3）中心城市向外扩展推动的城市化（1993 年至今）。

1992 年，中共十四大的召开标志着社会主义市场经济制度的确立。在市场经济不断深化的大背景下，各项改革稳步推进，经济迈上了新台阶。1994 年 7 月国务院发布《国务院关于深化城镇住房制度改革的决定》（国发〔1994〕43 号），宣告了住房市场化改革的开始。1998 年 7 月 3 日国务院又发布了《关于进一步深化住房制度改革加快住房建设的通知》，宣布全国城镇从 1998 年下半年开始用住房分配货币化代替住房实物分配，同时建立和完善以经济适用住房为主的多层次城镇住房供应

① 数据来源：鹏元评级研发部课题组，《我国城镇化的历史进程回顾》，2015 年 3 月。

体系。房改和其他市场化改革又吸引了大量流动人口从农村流向城市。这种持续不断的人口流动使得部分中心城市开始向外扩张，逐步形成了京津冀城市群、长三角城市群、粤港澳大湾区、成渝城市群、长江中游城市群、中原城市群、关中平原城市群等城市群。城市群带动了周边城市，促进了区域的协同互补。

表 3－2 呈现了 1949 年中华人民共和国成立以来城镇化的发展进程。到了 2016 年，城镇化率已经达到了 57.35%，城市数量为 657 个，城区面积达到了 198178.6 平方公里。值得注意的是，我国的城镇化率发展较快，但也存在着城镇化发展不均衡的现象。表 3－3 给出了各地区 2009—2017 年的城镇化率。图 3－1 展示了东中西部 2011—2017 年城镇化率。由图可知，在样本期间的每一年，东部城镇化率都大于中部，中部城镇化率都大于西部。

表 3－2　1949—2016 年城镇化进程

年份	总人口/万人	城镇人口/万人	比重	城市个数	城区面积平方公里
1949	54167	5765	10.64%	132	
1950	55196	6169	11.18%	142	
1951	56300	6632	11.78%	155	
1955	61465	8285	13.48%	164	
1960	66207	13073	19.75%	199	
1965	72538	13045	17.98%	168	
1970	82992	14424	17.38%	177	
1971	85229	14711	17.26%	181	
1972	87177	14935	17.13%	182	
1973	89211	15345	17.20%	181	
1974	90859	15595	17.16%	181	
1975	92420	16030	17.34%	179	
1976	93717	16341	17.44%	188	

续表

年份	总人口/万人	城镇人口/万人	比重	城市个数	城区面积平方公里
1977	94974	16669	17.55%	190	
1978	96259	17245	17.92%	193	
1979	97542	18495	18.96%	216	
1980	98705	19140	19.39%	223	
1981	100072	20171	20.16%	226	206684.0
1982	101654	21480	21.13%	245	335382.3
1983	103008	22274	21.62%	281	366315.9
1984	104357	24017	23.01%	300	480733.3
1985	105851	25094	23.71%	324	458066.2
1986	107507	26366	24.52%	353	805834.0
1987	109300	27674	25.32%	381	898208.0
1988	111026	28661	25.81%	434	1052374.2
1989	112704	29540	26.21%	450	1137643.5
1990	114333	30195	26.41%	467	1165970.0
1991	115823	31203	26.94%	479	980685.0
1992	117171	32175	27.46%	517	969728.0
1993	118517	33173	27.99%	570	1038910.0
1994	119850	34169	28.51%	622	1104712.0
1995	121121	35174	29.04%	640	1171698.0
1996	122389	37304	30.48%	666	987077.9
1997	123626	39449	31.91%	668	835771.8
1998	124761	41608	33.35%	668	813585.7
1999	125786	43748	34.78%	667	812817.6
2000	126743	45906	36.22%	663	878015.0
2001	127627	48064	37.66%	662	607644.3
2002	128453	50212	39.09%	660	467369.3

续表

年份	总人口/万人	城镇人口/万人	比重	城市个数	城区面积平方公里
2003	129227	52376	40.53%	660	399173.2
2004	129988	54283	41.76%	661	394672.5
2005	130756	56212	42.99%	661	412819.1
2006	131448	58288	44.34%	656	166533.5
2007	132129	60633	45.89%	655	176065.5
2008	132802	62403	46.99%	655	178110.3
2009	133450	64512	48.34%	654	175463.6
2010	134091	66978	49.95%	657	178691.7
2011	134735	69079	51.27%	657	183618.0
2012	135404	71182	52.57%	657	183039.4
2013	136072	73111	53.73%	658	183416.1
2014	136782	74916	54.77%	653	184098.6
2015	137462	77116	56.10%	656	191775.5
2016	138271	79298	57.35%	657	198178.6

数据来源：《中国统计年鉴》《城乡建设统计年鉴》。

表3－3　各地区城镇化率

地区＼年份	2009	2010	2011	2012	2013	2014	2015	2016	2017
北京	85.00	85.96	86.20	86.20	86.30	86.35	86.50	86.50	86.50
天津	78.01	79.55	80.50	81.55	82.01	82.27	82.64	82.93	82.93
河北	43.74	44.50	45.60	46.80	48.12	49.33	51.33	53.32	55.01
山西	45.99	48.05	49.68	51.26	52.56	53.79	55.03	56.21	57.34
内蒙古自治区	53.40	55.50	56.62	57.74	58.71	59.51	60.30	61.19	62.02
辽宁	60.35	62.10	64.05	65.65	66.45	67.05	67.35	67.37	67.49
吉林	53.32	53.35	53.40	53.70	54.20	54.81	55.31	55.97	56.65

续表

年份 地区	2009	2010	2011	2012	2013	2014	2015	2016	2017
黑龙江	55.50	55.66	56.50	56.90	57.40	58.01	58.80	59.20	59.40
上海	88.60	89.30	89.30	89.30	89.60	89.60	87.60	87.90	87.70
江苏	55.60	60.58	61.90	63.00	64.11	65.21	66.52	67.72	68.76
浙江	57.90	61.62	62.30	63.20	64.00	64.87	65.80	67.00	68.00
安徽	42.10	43.01	44.80	46.50	47.86	49.15	50.50	51.99	53.49
福建	55.10	57.10	58.10	59.60	60.77	61.80	62.60	63.60	64.80
江西	43.18	44.06	45.70	47.51	48.87	50.22	51.62	53.10	54.60
山东	48.32	49.70	50.95	52.43	53.75	55.01	57.01	59.02	60.58
河南	37.70	38.50	40.57	42.43	43.80	45.20	46.85	48.50	50.16
湖北	46.00	49.70	51.83	53.50	54.51	55.67	56.85	58.10	59.30
湖南	43.20	43.30	45.10	46.65	47.96	49.28	50.89	52.75	54.62
广东	63.40	66.18	66.50	67.40	67.76	68.00	68.71	69.20	69.85
广西壮族自治区	39.20	40.00	41.80	43.53	44.81	46.01	47.06	48.08	49.21
海南	49.13	49.80	50.50	51.60	52.74	53.76	55.12	56.78	58.04
重庆	51.59	53.02	55.02	56.98	58.34	59.60	60.94	62.60	64.08
四川	38.70	40.18	41.83	43.53	44.90	46.30	47.69	49.21	50.79
贵州	29.89	33.81	34.96	36.41	37.83	40.01	42.01	44.15	46.02
云南	34.00	34.70	36.80	39.31	40.48	41.73	43.33	45.03	46.69
西藏自治区	22.30	22.67	22.71	22.75	23.71	25.75	27.74	29.56	30.89
陕西	43.50	45.76	47.30	50.02	51.31	52.57	53.92	55.34	56.79
甘肃	34.89	36.12	37.15	38.75	40.13	41.68	43.19	44.69	46.39
青海	41.90	44.72	46.22	47.44	48.51	49.78	50.30	51.63	53.07
宁夏	46.10	47.90	49.82	50.67	52.01	53.61	55.23	56.29	57.98
新疆维吾尔自治区	39.85	43.01	43.54	43.98	44.47	46.07	47.23	48.35	49.38

数据来源：《中国统计年鉴》。

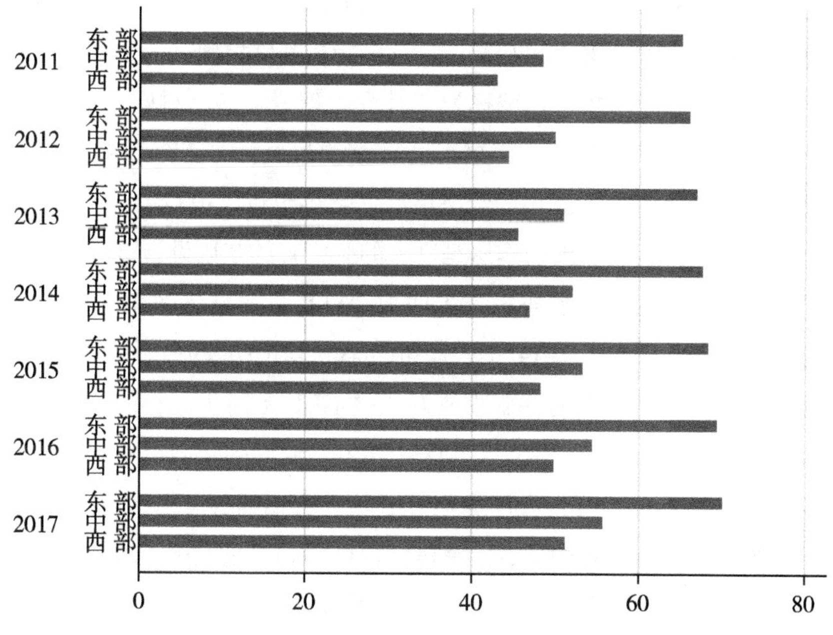

图 3－1 东中西部 2011—2017 年城镇化率

数据来源：《中国统计年鉴》。

（二）基础设施与地方政府土地融资

城镇化的发展受益于城市基础设施建设的不断投入。地方政府将其掌控的土地资源进行出让及抵押融资获得资金，再投入到城市基础设施建设中，大大提高了城市化的发展速度。

1. 基础设施建设

基础设施（Infrastructure）是指为社会生产和居民生活提供公共服务的物质工程设施，是用于保证国家或地区社会经济活动正常进行的公共服务系统。它是社会赖以生存发展的一般物质条件①。具体来说，基础设施包括以下几个方面的服务：公共设施——电力、电信、自来水、卫生设施与排污、固体废弃物的收集与处理及管道煤气；公共工程——

① 本书主要讨论的是经济基础设施。

公路、大坝和灌溉及排水用的渠道工程；其他交通部门——城市和城市间铁路、城市交通、港口和水路，以及机场。基础设施是一个涵盖范围很广的术语，在一些场合也被称为“社会管理资本”。这两个词都没有精确定义，但都贯穿着技术比重特征（如规模经济）和经济特征（如使用者向非使用者的扩散）等经济活动（世界银行，1995）。

基础设施对经济发展的作用是巨大的。完善的基础设施能降低生产成本，提高生产率，推动居民收入增长，提高资源配置效率。图 3－2 展示了世界 181 个国家 2014 年的耗电量与人均 GDP 的关系[①]。从图中可知，以耗电量为代表的基础设施与人均 GDP 是同步进行的。基础设施存量增长 1%，人均 GDP 大约增长 0.8%。良好的基础设施还能使穷人受益。一般来说，穷人大部分居住在卫生条件简陋、事故发生风险大、污染相对更为严重的地方。清洁的饮用水和卫生设施、城市交通条件的不断改善、无污染的电力的使用和固体废物的安全处理都可以直接使穷人受益。基础设施在减轻贫困方面的作用非常明显。

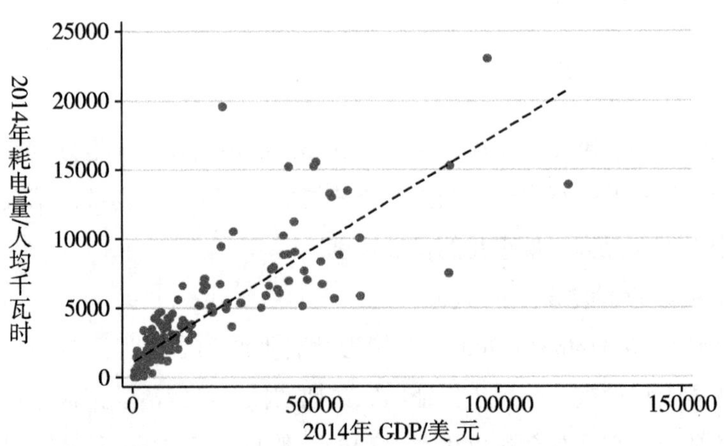

图 3－2　181 个国家 2014 年的耗电量与人均 GDP

数据来源：世界银行。

① 受数据所限，以耗电量作为基础设施的衡量。

尽管基础设施有着非常明显的促增长效应，但这并不等于要无节制地建设基础设施。基础设施可以为经济增长、减轻贫困和环境可持续性创造重大收益——但只有在它提供的服务可以对有效需求做出反应而且效率较高时才会有效。服务是目标，也是基础设施发展的尺度，基础设施存量方面的大型投资一直在进行，但在很多国家，这些财产并没有产生需要的服务质量或数量。这种浪费的代价是放弃经济发展，丧失减轻贫困和改善环境的机会，代价是高昂的且不可接受的（世界银行，1995）。

除此之外，从世界范围来看，在基础设施供给方面目前也还存在着比较多的问题。

第一，基础设施的维修不足普遍存在于发展中国家。在维修良好的情况下，铺设的道路路面通常来说可以使用 10 ~ 15 年，但如果不再投入精力去维护，则通常一半时间不到便会损坏。据世界银行统计，世界银行援助的道路维护项目的收益率几乎是道路建设项目的一倍。维修不足的弊端是明显的。平均来说，维修不足意味着发展中国家的电力系统在一定时间内只有其发电能力的 60% 可供使用，而最佳情况应该在 80% 以上。维修不足还意味着供水系统只能将其供应水量的 70% 提供给用户，而最佳供水率则是 85%。维修不足降低了服务质量但却增加了用户的成本。除此之外，在财力紧张时期，政府削减维修基础设施的支出会进一步加剧维修不足的负面效果。

第二，项目资源的配置不当是基础设施供给的另一个问题。即使用户有意愿且有能力支付基础设施服务的价格，很多情况下许多国家也未能提供合适的基础设施满足用户的需求。例如，在一些相对贫困的地区，清洁的卫生设施和便利的公路运输可能更加重要。此时，如果为了追求基础设施的大规模建设而兴建铁路机场等，就属于基础设施投资的配置不当。在需求不足的条件下大规模配置超出能力的基础设施反而会给经济发展造成负担。

第三，用以提供基础设施服务的大量资源被浪费或者使用效率非常低。一份关于51个发展中国家电力设施的审查报告表明，在过去的20年中，技术效率实际上下降了。较老的电厂每生产一度电消耗的燃料，比在最佳状态下运行的电力系统要高18%～44%，输变电的损耗则要多出2～4倍。发展中国家港口设施将货物从船上运送上岸的速度平均只有效率最高的港口速度的40%。劳动力配置不当则是效率低下的另一个方面。在很多活动中冗员过多是普遍现象，这在铁路系统中尤为严重（世界银行，1995）。因此，要实现基础设施的高效供给，需要供给者进行详细的规划和有效的管理。

相比于其他发展中国家，中国在基础设施建设方面的投资应该说是非常成功的。中国较大规模的基础设施建设始于20世纪90年代，一直保持着存量增速两位数的迅猛发展态势，取得了举世瞩目的成就（金戈，2012）。图3－3展示了1999—2017年铁路与公路总里程的变化。可以看到，1999年的铁路营业里程只有6.74万公里，到了2017年时已经达到了12.7万公里，翻了一倍。公路里程的发展也十分迅猛。1999年的公路里程只有135.17万公里，而2007年的公路里程已经达到了477.35万公里。其中，2004—2005年是公路里程发展最为迅猛的一年，从187.07万公里增加到了334.52万公里。这种发展速度即使在世界范围内也是居于前列的。表3－4对比了2005年和2009年世界各国的公路长度和密度。从表中数据可知，至2009年时中国的公路里程仅次于印度和美国。从增长率的角度看，中国的公路里程增长率显然远大于印度和美国。图3－4显示的是根据世界银行数据得到的2009—2014年中国与世界的铁路里程年增长率①。从图中可知，中国的铁路里程年增长率大多在世界平均水平之上。

① 值得注意的是，世界银行统计的铁路里程数据与统计局的统计口径并不一致，但无论采取哪个口径都不影响结论。

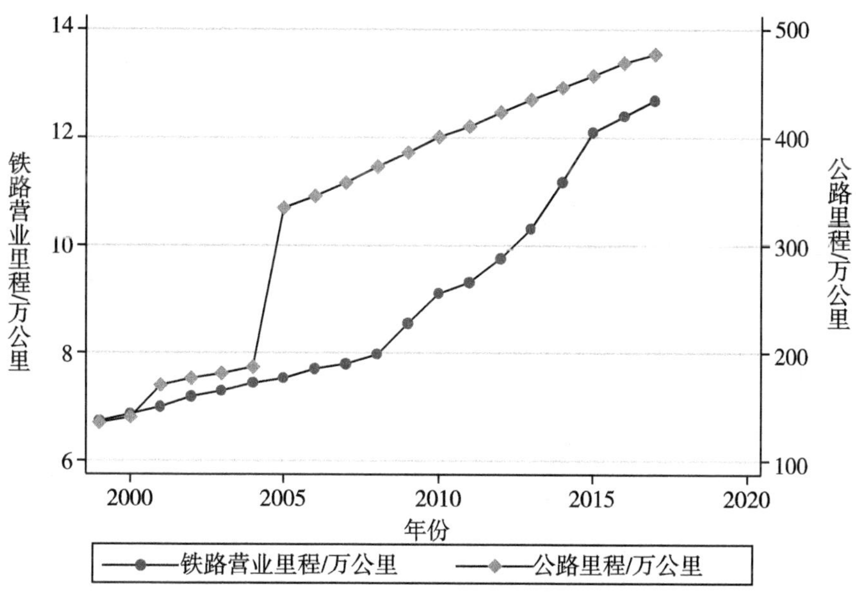

图 3－3　1999—2017 年铁路与公路总里程变化

数据来源：《中国统计年鉴》。

表 3－4　世界一些国家和地区公路长度和密度对比

国家和地区	公路网长度/公里		有路面公路所占比重/%		公路密度/每百平方公里土地公路长度	
	2005	2009	2005	2009	2005	2009
中国	3345187	3860823	40.8	53.5	35	40
中国香港	1955	2050	100	100	179	188
中国澳门	368	413	100	100		1475
文莱	3426	2972	78.4	81.1	63	51
印度	3929439	4109592	47	49.5	120	125
印度尼西亚	391009	476337	55.4	56.9	21	25
伊朗	172027	192685	71	73.3	10	11
以色列	17589	18318	100	100	80	83
日本	1192400	1207867	79	80.1	316	320

续表

国家和地区	公路网长度/公里		有路面公路所占比重/%		公路密度/每百平方公里土地公路长度	
	2005	2009	2005	2009	2005	2009
哈萨克斯坦	90845	96846	91.2	88.5	3	4
韩国	102293	104983	76.8	79.3	103	105
老挝	33861	39568	13.4	13.7	14	17
缅甸	27000		11.9		4	
巴基斯坦	258214	258350		65.4		32
新加坡	3234	3356	100	100	463	473
泰国		180053				35
越南		160089		47.6		48
埃及	98875	100472		89.4	10	10
加拿大		1409000				14
墨西哥	355796	366807	37	35.3	18	19
美国	6544257	6545839	65.3	67.4	68	67
捷克	128437	130573			163	166
法国	950985	951260	100	100	173	173
德国	644480	643969				180
意大利	487700				162	
荷兰	134218	136827			323	329
波兰	381463	384104	66.5	69.9	122	123
俄罗斯联邦	858000	982000	84.4	80.1	5	6
西班牙		667064				132
土耳其	349238	362660		88.7	54	46
乌克兰	169323	169495	97.4	97.8	28	28
英国	388008	419665	100	100	159	172
澳大利亚		817089		43.5		11
新西兰	93460	94301	64.9	66.2	35	35

数据来源：国家统计局。

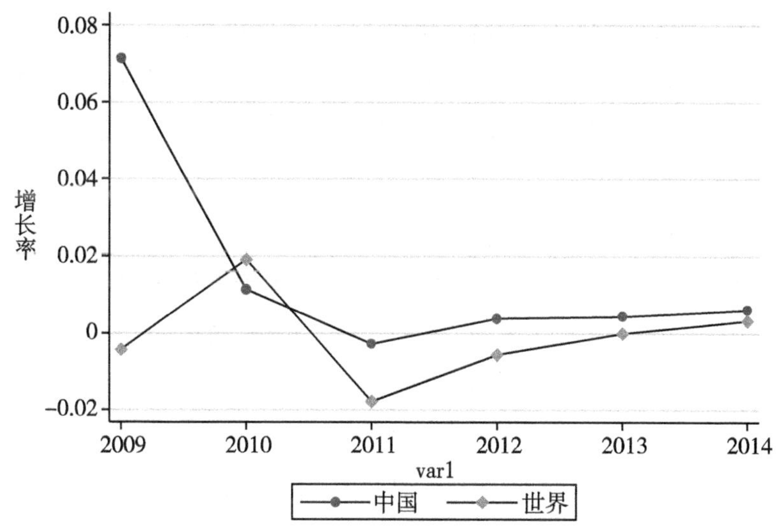

图 3－4　2009—2014 年中国与世界铁路里程年增长率

数据来源：世界银行。

如 Demurger（2001）所言，各地区基础设施投资的增长是“中国奇迹”的重要原因之一。基础设施既能作为投资直接拉动经济增长，又能发挥规模经济等作用间接促进经济增长。骆许蓓（2004）应用静态比较均衡模型，强调基础设施改善降低运输成本，增加伙伴省份需求对本省经济发展的影响，阐明改善交通运输枢纽省份基础设施对增加内陆地区市场接近性的重要作用。其模拟数据分析的结果表明，如 Fujita 等的经济中心浮现理论（Emergence of Economic Centers）所预言，改善中部交通运输枢纽省份（如河南、湖北、湖南）的基础设施能最有效地促进中国西部地区经济发展。

张学良（2007）通过对中国交通基础设施水平区域差异状况的分析，以及交通基础设施水平与区域经济增长关系的面板数据研究，揭示了交通基础设施水平与中国区域经济增长之间的关系，并讨论了交通先行在中部崛起中的作用。他的研究结果显示，中国的交通基础设施与经济增长表现出很强的空间聚集特征，经济增长与交通运输主要集中在东部沿海发达地区，并形成了由东往西逐步递减的梯度；交通基础设施对经济增长的弹性值为0.0563～0.2058，介于早期学者运用时间序列数据与面板数据得出的弹性值之间；从交通基础设施对经济增长贡献的区域差异来看，中部地区交通基础设施对经济增长的贡献最大，表明交通先行在中部崛起中起着重要的作用。

张学良（2012）在综合考虑多维要素对中国区域经济增长的协同作用的基础上，构建交通基础设施对区域经济增长的空间溢出模型，利用1993—2009年的中国省级面板数据和空间计量经济学的研究方法，他认为中国交通基础设施对区域经济增长的产出弹性值合计约0.05～0.07，表明其对中国区域经济增长具有重要的作用；中国交通基础设施对区域经济增长的空间溢出效应非常显著，若不考虑空间溢出效应，会高估交通基础设施对区域经济增长的作用；外地交通基础设施对本地经济增长表现为以正的空间溢出效应为主，但是也有空间负溢出的证据；在影响区域经济增长的多维要素中，劳动力和其他公共部门的资本存量对中国区域经济增长的弹性仍然较大，新经济增长因素与新经济地理因素的作用也不容忽视。

郑世林等（2014）利用1990—2010年省级面板数据实证考察了电信基础设施对经济增长的影响。为了克服电信基础设施可能存在的内生性问题，他们利用了中国电信改革所引起的各省电信市场结构的外生变化作为工具变量。实证分析的结果表明，在电信行业发展初期（1990—1999年），移动电话和固定电话基础设施的发展共同促进了经济增长；进入2000年以后，虽然移动电话基础设施对经济增长仍然具有显著的正向影响，但是对经济增长的贡献在逐渐递减，而固定电话基础设施对经济增长已经呈现出负向影响，说明由于用户萎缩固定电话基础设施已经出现闲置征兆。

董晓芳和刘亦凡（2018）基于国家级高速公路开通这一外生的基础设施变化作为自然实验，利用双重差分模型检验2004—2013年中国国家级高速公路建设对所通过县的经济发展的影响。实证结果发现，国家级高速公路开通对所通过县的经济存在显著正向影响，连通县比非连通县 GDP 高出约 1.4%，人均 GDP 高出约 1.7%；相对于第一、第三产业，第二产业受高速公路开通的影响最为显著；距离大城市越远、规模越小的县城越容易受到高速公路连通带来的正向经济带动作用；分地区结果显示高速公路开通对东部、中部地区经济增长的带动作用更为明显，而在东北地区和西部地区存在异质性。

白重恩和冀东星（2018）分析了中国 1998—2007 年大规模建设的国道主干线对出口的影响，他们的研究基于地理特征构建施工成本最低的公路网络，以此作为实际公路路线的工具变量，解决了内生性问题。研究结果表明，1998—2008 年与国道主干线连接的地区、与国道主干线距离近的地区有更高的出口额增长率。他们估算了 1998 年和 2008 年各地区到重要港口的交通成本，发现交通成本下降越多的地区，出口额增长率越高。进一步分析表明，以上效应具有异质性，即出口产品的重量价值比越高的地区，受国道主干线影响越大；地势崎岖的地区，受国道主干线影响较小。除了上述的经济增长效应以外，基础设施还能缩小城乡收入差距。

刘晓光等（2015）考察了基础设施的城乡收入分配效应，探讨了基础设施缩小城乡收入差距的原因和机制。基准分析发现，交通和通信基础设施均可以带来显著的收入分配改善效果，即具有缩小城乡收入差距的作用。进一步分析表明，基础设施可以同时提高农村居民收入和城镇居民收入，是一种帕累托改进，且对农村居民收入的提升作用更为显著，因而总体上可以缩小城乡收入差距。对基础设施缩小城乡收入差距的影响机制进一步分析，发现基础设施能够有效促进农业劳动力向非农部门转移，从而提高农业部门边际劳动生产率和农村居民收入，进而缩小城乡收入差距。

范欣等（2017）基于新经济地理学理论，利用 1993—2012 年我国省际面板数据，采用空间面板杜宾模型对我国基础设施建设与市场分割的关系进行研究分析。实证结果表明，基础设施建设作为打破市场分割的物质基础，可为政府加强基础设施建设提供理论支撑；基础设施建设的空间溢出效应呈现出阶段性差异；不同区域或不同区位下市场分割的策略性行为并非一致。基于此，他们提出的政策建议是政府应加强基础设施建设，缩小基础设施建设的区域差异；同时，加强投资主体的跨区域协作，削弱地理界限对市场的不利影响；政府应积极打造现代服务型政府，充分发挥政策导向功能，避免人为过多干预市场秩序，进而实现市场在资源配置中发挥决定性作用，以期建立现代市场体系。

尽管基础设施对城镇化和经济增长的重要性已经大量研究证实并受到各发展中国家的重视，但依然可以观察到许多发展中国家存在着基础设施供给不足的问题。葛杨和岑树田（2017）指出，亚洲绝大多数发展中国家对基础设施的投资需求非常强烈和巨大，而且这些国家不乏有雄心的基础设施投资计划，但却面临着融资能力的挑战。由于基础设施具有较强的外部性，同时又是一国经济发展的先导产业（汤玉刚和陈强，2012），因此基础设施的供给受政府影响非常大。在中国，土地红利支撑了地方政府进行基础设施建设的需求。随着城市化进入相对独立的大发展阶段，土地要素价格被重估。一方面，随着城镇化水平的持续提高及土地市场化制度改革的不断推行，作为土地供给的管理者，地方政府通过出让土地使用权获取了高额的土地出让收入。另一方面，高额的土地出让收入也为地方政府对外举债提供了担保，增强地方政府偿还贷款的信心和能力，他们提高债务融资水平，广泛开展“土地金融”活动。“土地财政”和“土地金融”两种融资方式为地方政府基础设施建设提供了源源不断的资金，扩张了地方基础设施的投资。

2. 地方政府土地融资

地方政府可以依靠出让土地，以及设立各种融资平台和土地储备中心向银行贷款获得资金来加速推进城市基础设施建设。我国城镇化的发展离不开地方政府的土地融资行为。

（1）土地出让。

①土地出让收入增长的情况。

土地出让收入是市县人民政府依据《土地管理法》《城市房地产管理法》等有关法律法规和国家有关政策规定，以土地所有者身份向受让人出让国有土地使用权所取得的收入，主要由4个部分组成：招标、拍卖、挂牌和协议出让土地取得的土地价款，改变原有土地用途补缴的土地价款，划拨土地取得的土地补偿费、安置补助费、地上附着物和青苗补偿费、拆迁补偿费等补偿性收入，国有土地出租等其他配置方式取得的土地价款。土地出让收入在2007年以前有预算外和预算内两种管理方式，土地出让收入先缴入地方财政专户，作为预算外资金管理，扣除成本补偿性费用后，再将收益部分缴入地方国库，作为预算内资金管理。从2007年起，土地出让收入全额纳入地方政府性基金预算管理，收入全额缴入地方国库，支出通过地方政府性基金预算安排，实行彻底的“收支两条线”管理，与公共预算分开核算①。

图3－5展示了1987—2014年的土地出让收入。从图中可以看出，土地出让收入呈现出阶段性增长的情况。2000年以前是土地出让收入增长的第一阶段。1987年，土地有偿出让仅在深圳等地试点实行，此时的土地出让收入仅为0.352亿元。1988年4月12日，第七届全国人民代表大会第一次会议通过了《宪法修正案》，其规定土地使用权可以依照法律的规定转让。1988年12月29日，第七届全国人大常委会第五次会议也对《中华人民共和国土地管理法》做了相应的修改，明确了国有土地和集体所有土地使用权可以依法转让，国家依法实行国有土地有偿使用制度。土地有偿出让制度在全国确立，土地出让收入也从1988年的4.16亿元上升到了1992年的525亿元，增长了126倍。从

①　见财政部《全国土地出让收支管理及使用情况》。

1993—2000 年，土地出让收入都保持在了 500 亿元左右。

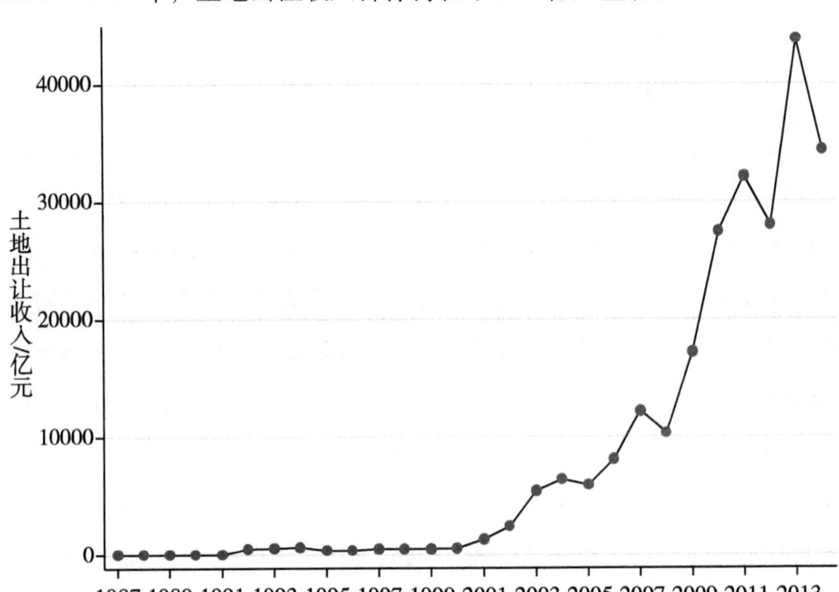

图 3－5　1987—2014 年国有土地出让收入

数据来源：1987—1998 年数据来自张清勇（2008），其他年份数据来自《中国国土资源统计年鉴》。

2000—2006 年是土地出让收入增长的第二阶段。在这一阶段，土地出让收入从 2001 年的 1295.9 亿元上升到了 8077.6 亿元，提高了 6 倍。这一阶段的土地出让收入增长主要与两份政策文件的发布有关。2001 年，国务院出台《关于加强国有土地资产管理的通知》，提出要推行土地使用权招标拍卖，经营性土地要从非市场配置转向市场配置。2002 年 4 月 3 日，国土资源部第 4 次部务会议通过了《招标拍卖挂牌出让国有建设用地使用权规定》，规定商业、旅游、娱乐和商品住宅等各类经营性用地，必须以招标、拍卖或者挂牌方式出让。除此之外，规定以外用途的土地的供地计划公布后，同一宗地有两个以上意向用地者的，也应当采用招标、拍卖或者挂牌方式出让。但这份政策文件并没有要求面向工业的工矿仓储用地必须使用招标、拍卖或者挂牌的方式出让。这些文件使得土地出让收入再次得到了快速增长。

2007年以后开启了土地出让收入增长的第三阶段。2006年12月23日，国土资源部发布了《全国工业用地出让最低价标准》的通知，把工业用地划分为15个等级，每个等级设置了一个出让的最低价标准，其中一等工业用地质量最高，最低价为每平方米840元，十五等工业用地质量最低，最低价为每平方米60元。文件规定工业用地必须采用招标、拍卖、挂牌方式出让，其出让底价和成交价格均不得低于所在地土地等别相对应的最低价标准；各地国土资源管理部门在办理土地出让手续时必须严格执行标准，不得以土地取得来源不同、土地开发程度不同等各种理由对规定的最低价标准进行减价修正。2007年9月21日，国土资源部第3次部务会议审议修订了《招标拍卖挂牌出让国有建设用地使用权规定》，把商业、旅游、娱乐和商品住宅等各类经营性用地，必须以招标、拍卖或者挂牌方式出让的条款改为工业、商业、旅游、娱乐和商品住宅等经营性用地及同一宗地有两个以上意向用地者的，应当以招标、拍卖或者挂牌方式出让，把工业用地也纳入了经营性用地的范围，再次严令出让价格不得低于公布的最低价标准。招拍挂制度的全面深化使得工业用地出让市场逐步建立起来，土地资源的配置效率进一步提高，土地出让收入增长进入了新台阶。2007年土地出让收入为12216.7亿元，到了2013年，土地出让收入已增长到了43745.3亿元，增长了接近4倍。

总之，自1987年以来，土地出让收入快速增长，已经成为地方政府的重要财政收入来源之一。地方政府依靠土地出让收入来满足财政需求的行为又被称为“土地财政”。

②土地出让行为的后果。

土地作为稀缺性资源，是经济发展的基本生产要素。在中国独特的背景下，中央和省级政府并不直接掌握土地，地级市政府则管理着土地供应一级市场，靠土地出让收入维持财政开支。这种土地财政行为带来了各种社会经济后果。

第一，土地出让与经济增长。

改革开放以来，中国保持了每年两位数以上的经济增长率，成为按名义汇率计算的世界第二大经济体。中国取得的举世瞩目的经济成就离不开地方政府土地出让行为。

土地要素的有效供给无论对制造业还是服务业的发展都至关重要。在众多发展中国家，土地资源的供给不足往往是制约这些国家工业化发展的最大障碍。然而在中国特殊的城乡二元土地制度及征地制度下，地方政府能以适当价位征地，再自主决定如何出让土地。这就使得地方政府能调节土地价格和土地供应数量，避免地价过高及土地供给短缺对经济增长产生负面影响。图 3 - 6 展示了 2003—2010 年全国土地供应总量与 GDP 增长率情况。2003 年全国土地供应总量为 28.6 万公顷（1 公顷 =0.01 平方千米），到了 2010 年则超过了 43 万公顷。从图中可知，全国土地供应总量与 GDP 增长率具有较高的相关性。在土地供应量大的年份，GDP 增长率也高，在土地供应量相对较少的年份，GDP 增长率较低，两者表现出较大的一致性。

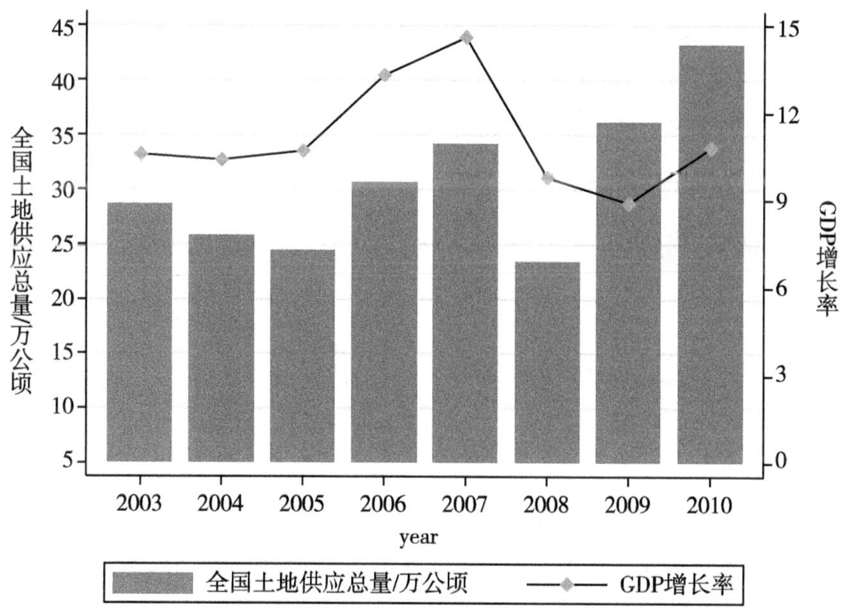

图 3-6　2003—2010 年全国土地供应总量与 GDP 增长率

数据来源：历年《国土资源统计年鉴》《中国统计年鉴》。

除了土地供应总量的增加，各类土地供应量的显著增长也为经济增长提供了保障。图 3-7 显示了各类用地在 2002—2011 年的供应量①。可以看出，在这段时期，各类用地的供应量都在稳步上升。居住用地的供应量 2002 年为 8661.09 平方公里，而 2011 年为 13181.7 平方公里，10 年增长了 1.5 倍。工业用地供应量 2002 年为 5768.9 平方公里，到 2011 年则达到了 8721.2 平方公里，同样是 10 年时间里增长了 1.5 倍。公共设施用地由 2002 年的 3110.52 平方公里增加到 2011 年的 5086.55 平方公里。道路广场用地由 2002 年的 2368.21 平方公里提高到 2011 年的 4734.86 平方公里，接近两倍的增加。市政公用设施用地由 2002 年的 996.19 平方公里增加到 2011 年的 1483.23 平方公里。绿地由 2002 年

① 由于从 2012 年开始实行了新的《城市用地分类与规划建设用地标准》，为了统计口径的一致，这里使用的数据截止到 2011 年。

的2308平方公里增加到2011年的4455.47平方公里，也增加了接近两倍。其他的诸如仓储用地、对外交通用地和特殊用地也有增长，但相对平稳。总体来说，土地总供应量，以及各类用地的供应量的增加是中国经济高速发展的一个关键。

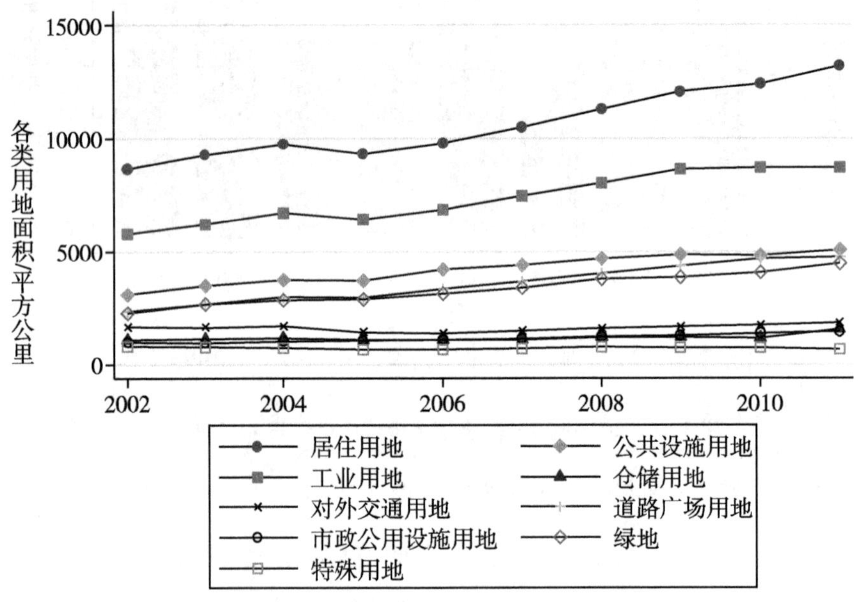

图3－7　2002—2011年各类用地供应量

数据来源：历年《城市建设统计年鉴》。

第二，土地出让与工业化。

中国经济高速发展的进程伴随着工业化的快速推进。图3－8显示了1978年以来工业总产值的变化。1978年中国的工业总产值1621.5亿元，到了2017年，已经达到了接近280000亿元，增长了约172倍。如此高速的工业化进程不仅拉动了GDP的增长，还使中国成为世界最大的出口国。事实上，工业化的高速增长也得益于中国特殊的土地制度安排和土地出让行为。

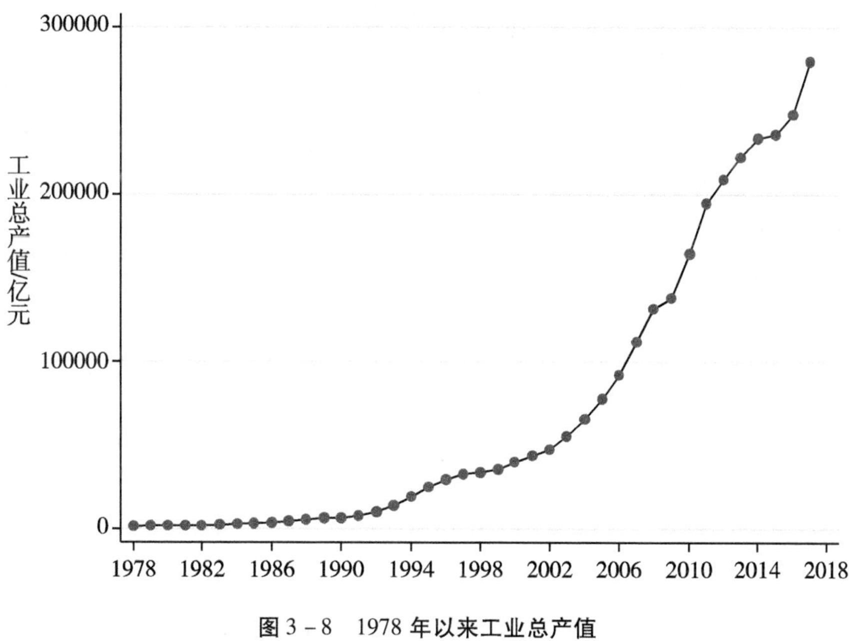

图 3－8　1978 年以来工业总产值

数据来源：《中国统计年鉴》。

在中国，地方政府被法律授予了征地权，能以合适的价格获得土地。地方政府是土地一级市场的管理者，能根据自己的需要调控土地供给。这种制度安排使得地方政府能压低土地的市场价格去发展经济。在中国，地方政府有强烈的发展经济的冲动。为了吸引外资发展经济及获得相关税收收入，地方政府不惜用土地价格的让步招商引资。在这种情况下，地方政府把大量的土地资源配置在工业用途上，这种制度安排导致了中国工业化的飞速发展。表 3－5 展现的是 2003—2010 年工矿仓储用地占供地总量的情况。从表中数据可知，2003 年，有将近 40% 的土地被配置在了工业用途上。这个比例在 2006 年达到了最高点，为 50.4%。2006 年以后，工矿仓储用地占供地总量的百分比虽然有所下降，但依然保持在 35% 以上。

表 3－5　2003—2010 年工矿仓储用地占供地总量的情况

年份	供地总量/公顷	工矿仓储用地/公顷	百分比/%
2003	286437	116379	40.6
2004	257920	106757	41.4
2005	244270	109814	45.0
2006	306806	154635	50.4
2007	341974	141723	41.4
2008	234185	92918	39.7
2009	361649	141487	39.1
2010	432561	153978	35.6

数据来源：刘守英，《直面中国土地问题》，中国发展出版社，2013。

第三，土地出让与城镇化。

土地制度和土地出让行为带来的另外一个后果是快速发展的城镇化。快速发展的城镇化不仅带动了经济的高增长，优化了产业结构，而且提高了人们的生活水平。一般来说，衡量城镇化的指标为城市人口占总人口的比重。在中国制度背景下，又可计算城市户籍人口占总人口的比重和城市常住人口占总人口的比重两种城镇化率指标。以城市常住人口占总人口的比重计算，中国的城镇化率由 1995 年的 29.04% 迅速攀升到 2011 年的 51.27%。2017 年年末，常住人口城镇化率达到 58.5%。在这一时期，城镇化率每提升 1 个百分点，人均 GDP 可以提高 633 元（刘守英，2013）。图 3－9 展示了 1996—2017 年三个产业对 GDP 的贡献率。在这一时期，第一产业对 GDP 的贡献率从 9.3% 下降到了 4.9%，第二产业对 GDP 的贡献率从 62.2% 下降到了 36.3%，第三产业对 GDP 的贡献率则从 28.5% 上升到了 58.8%。城镇化带来的产业结构调整带来了生产方式的改变和更多的就业机会，是经济发展的重要推动力。

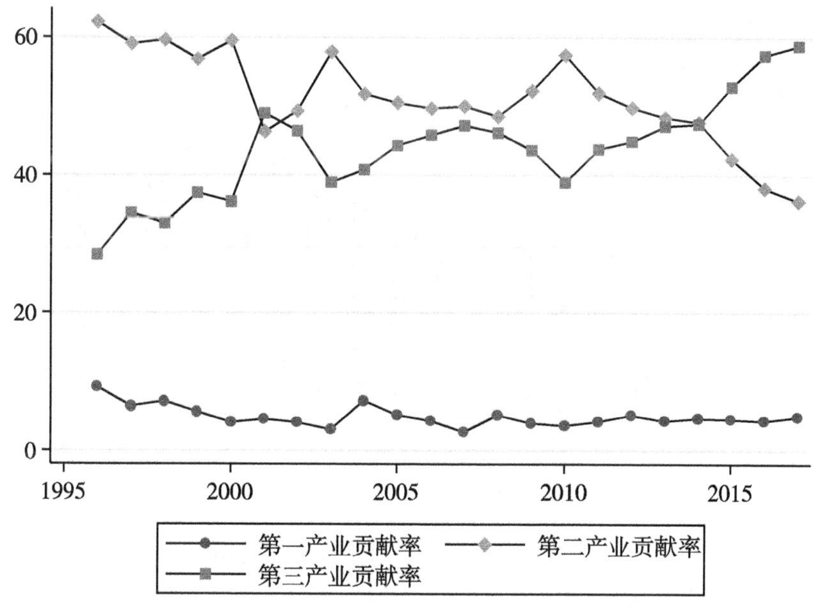

图 3-9　1996—2017 年三个产业对 GDP 的贡献率

数据来源：《中国统计年鉴》。

中国城镇化进程的发展也离不开中国独特的土地制度安排和土地出让行为。地方政府能以合法的征地权用适当的成本征用农村集体土地，在征地后再将土地出让。为此，这种行为导致城市中心区域不断向外扩张，带来了"城市圈外移的城市化"（刘守英，2013）。从图 3-10 可以看出，2002—2016 年，城市建成区面积一直在稳步提升。2002 年，城市建成区面积为 25972.55 平方公里，此后每年以 10002000 平方公里的速度增长。到了 2016 年，城市建成区面积达到了 54331.47 平方公里，是 2002 年城市建成区面积的两倍多。城区面积的扩大带来更多的人口流动，促进了资源的有效配置，推动了经济增长。

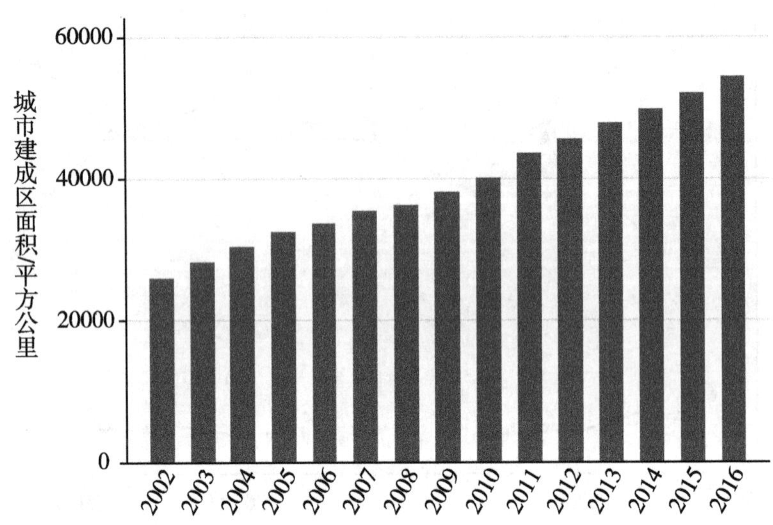

图 3－10　2002—2016 年城市建成区面积

数据来源：历年《城市建设统计年鉴》。

第四，土地出让与土地市场分割。

中国独特的土地制度与土地出让行为虽然在一定时期内推动了经济的高速增长，但随着时间的推移，也越来越表现出其局限性。这种“以地谋发展”的经济发展模式造成了不同用途土地市场的分割，商住用地价格与工业用地价格出现了“剪刀差”。

在我国，政府对城市建设用地的用途进行了严格的规定。2012 年以前，住房和建设部将城市建设用地根据用途划分为九大类，分别为居住用地、公共设施用地、工业用地、仓储用地、对外交通用地、道路广场用地、市政公用设施用地、绿地和特殊用地。2012 年以后，根据新修订的《城市用地分类与规划建设用地标准》，城市建设用地则划分为八大类，包括居住用地、公共管理与公共服务用地、商业服务业设施用地、工业用地、物流仓储用地、道路与交通设施用地、公用设施用地和绿地及广场用地。其中，居住用地、商业用地和工业用地是最为重要的三类用地，占据了土地供应的绝大部分。地方政府在中国土地制度安排下，可以对这三类用地的供应进行调整，从而造成三类用地的市场价格出现明显差异。

图 3－11 显示了 2007—2015 年工业、商服和住宅用地平均价格的变化。工业用地的价格与住宅用地及商业用地的差距非常明显。商业用地和住宅用地的价格都呈明显的上升趋势。商业用地的价格由 2007 年的每平方米 463 元上升到了 2015 年的每平方米 1387 元，居住用地的价格则由 2007 年的每平方米 650 元提高到了 2015 年的每平方米 1622 元，两者上升的幅度都较大。相比之下，工业用地的价格则一直在低位徘徊，2007 年的价格为每平方米 123 元，到了 2015 年只提高到了每平方米 199 元，上升缓慢且幅度不大。

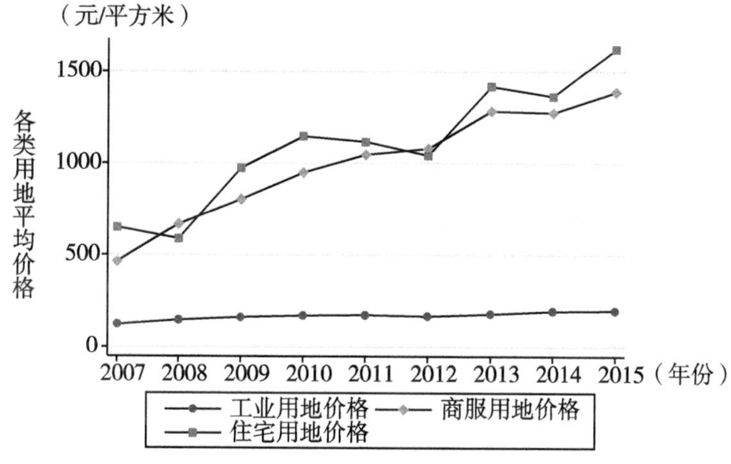

图 3－11　2007—2015 年工业、商服和住宅用地平均价格

数据来源：土地市场网公开的土地地块出让数据，按照每块土地的出让价款、出让面积进行汇总，在全国层面以每年的土地出让总价款除以土地出让总面积计算土地的平均价格。

（2）土地金融。

①投融资平台。

与“土地财政”相关联的是“土地金融”。本节中土地金融指的是地方政府通过财政拨款或注入土地、股权等资产设立投融资平台对外举债，筹措资金。所谓的地方政府投融资平台，也叫城投公司，是指各级地方政府成立的以融资为主要经营目的的公司，包括不同类型的城市建设投资、城建开发、城建资产公司。投融资平台是政府给予划拨土地、股权、规费等资产，包装出一个从资产和现金流上可以达到融资标准的公司，以实现融资目的，把资金运用于市政建设、公共事业等项目。为了建设基础设施推动城镇化，地方政府需要不断进行融资来保证拥有足够的资金进行建设。然而在 2015 年新《中华人民共和国预算法》（以下简称新《预算法》）实施之前，我国的法律规定，地方政府不允许直接负债。《中华人民共和国贷款通则》（中国人民银行令〔1996〕第 2 号）规定，本通则所称的借款人，应当是工商行政管理机关（或主管机关）核准登记的企（事）业法人、其他经济组织、个体工商户或者是具有中华人民共和国国籍的具有完全民事行为能力的自然人。地方政府属于上述借款人之列，因此不能向银行进行直接贷款。此外，旧《中华人民共和国预算法》（以下简称旧《预算法》）（中华人民共和国主席令〔1994〕第 21 号）第 28 条规定，地方各级预算按照量入为出、收支平衡的原则编制，不列赤字。除法律和国务院另有规定以外，地方政府不得发行地方政府债券。这一规定使得地方政府被禁止了发行债券。《中华人民共和国担保法》（中华人民共和国主席令〔1995〕第 50 号）也规定，国家机关不得为保证人，但经国务院批准为使用外国政府或者国际经济组织贷款进行转贷的除外。这一规定明确了地方政府不得对债务进行担保。虽然各种法律法规禁止了地方政府借债的渠道，但为了进行基础设施融资，现实中往往有两种办法解决融资难题。一是中央财政发行国债再转贷给地方政府，这实际上是中央替地方发债；二便是通过设立地方政府投融资平台（周沅帆，2009）。

随着 2008 年 11 月“四万亿”经济刺激计划开启，地方政府投融资平台数量和规模迅猛发展。图 3－12 展示了截至 2017 年各省份地方政府投融资平台。从图中数据可知，目前全国共有超过 11000 个地方政府投融资平台数量，其中浙江省的地方政府投融资平台数量最多，达到了 1489 个，西藏自治区的地方政府投融资平台最少，只有 1 个。其余地方政府投融资平台数量较多的省份包括云南省（548 个）、四川省（780 个）、广东省（710 个）、江苏省（750 个）、河北省（556 个）、湖南省（530 个），以及福建省（639 个）。图 3－13 显示的是按行政级别区分的地方政府投融资平台数量。由图 3－13 可知，设立地方政府投融资平台数量最多的是地级市，所占比例为 55.68%。其次是省及省会（单列市），所占比例为 24.95%，设立地方政府投融资平台数量最少的是县及县级市，占了 19.38%。按照管理方式进行分类，地方政府投融资平台又可以分为监测类平台与监管类平台。监测类平台是指已退出平台、纳入一般公司类贷款管理的地方政府投融资平台。监管类平台是指仍按平台贷款管理的地方政府投融资平台。图 3－14 展示了截至 2017 年的监测类与监管类地方政府投融资平台数量，可以看出监管类平台超过了 9000 个，而监测类平台则有 2000 多个，前者是后者的 4 倍多。此外，银监会根据地方政府投融资平台自身现金流能否覆盖全部债务本息情况将融资平台划分为：全覆盖（100%）、基本覆盖（70% ~100%）、半覆盖（30% ~70%）、无覆盖（30% 以下），不同覆盖水平的地方政府投融资平台面临的风险不同。图 3－15 是根据不同现金流覆盖情况划分的地方政府投融资平台比重。截至 2017 年年底，全覆盖的地方政府融资平台占地方政府投融资平台总数的 79.28%；基本覆盖的地方政府融资平台占地方政府投融资平台总数的 5.16%；半覆盖的地方政府融资平台占地方政府投融资平台总数的 2.35%；无覆盖的地方政府融资平台占地方政府投融资平台总数的 13.2%。自身的现金流不能基本覆盖债务本息的政府地方政府投融资平台依旧占比 15.6%，可见地方政府投融资平台的风险性依旧较高。

截至 2017 年年底，地方政府投融资平台能成为上市公司的有 7 家，包括广西绿城水务股份有限公司、苏州新区高新技术产业股份有限公司、泸州市兴泸水务（集团）股份有限公司、北京空港科技园区股份有限公司、福建金森林业股份有限公司、合肥城建发展股份有限公司和成都武侯高新技术产业发展股份有限公司①。除此之外，地方政府投融资平台公司融资方式主要有三种形式：向银行借贷，发行城投债，融资租赁、信托私募等商业融资②。

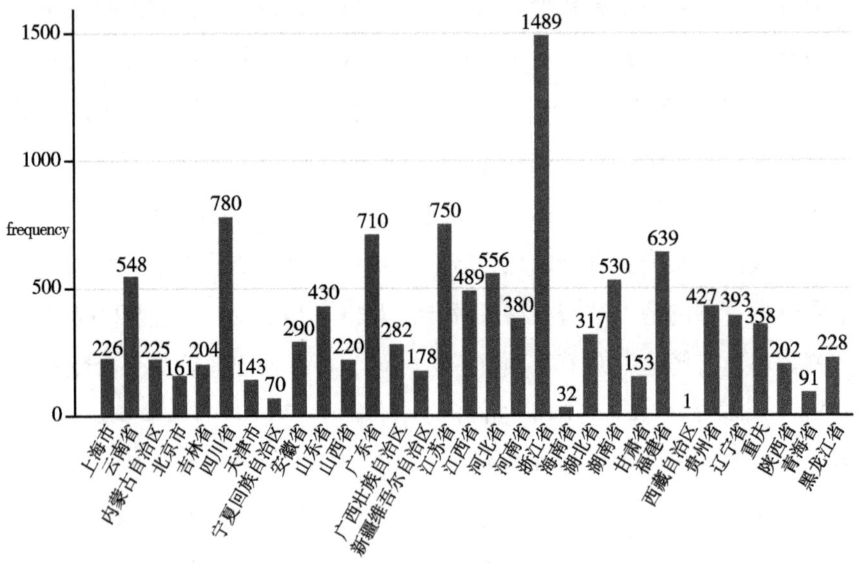

图 3－12　2017 年各省份地方政府投融资平台数量

数据来源：wind。

① 数据来自 wind。

② 由于融资成本高，商业融资在融资平台债务所占比例较小，我们主要关注前两种融资方式。

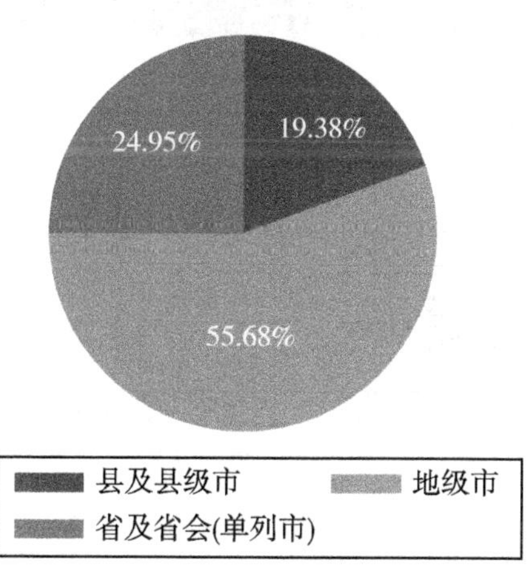

图 3－13　按行政级别区分的地方政府投融资平台数量

数据来源：wind。

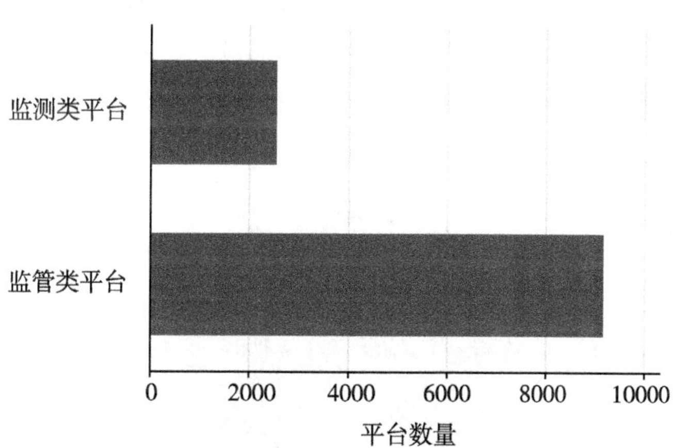

图 3－14　截至 2017 年监测类与监管类地方政府投融资平台数量

数据来源：前瞻产业研究院。

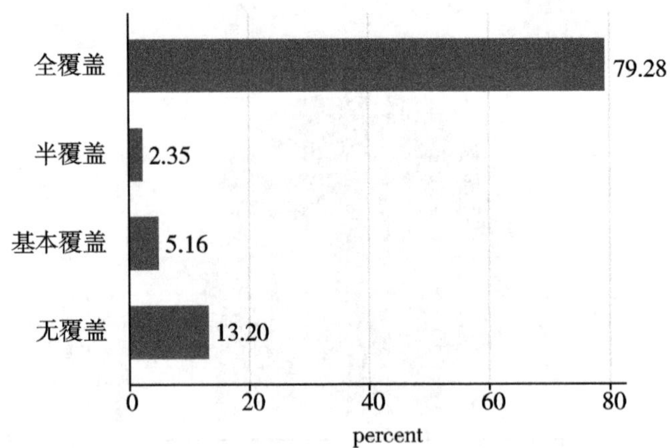

图 3-15 根据不同现金流覆盖情况划分的地方政府投融资平台比重

数据来源：前瞻产业研究院。

②地方政府投融资平台与土地抵押。

银行贷款是投融资平台公司第一种融资方式。图 3-16 展示了 2009 年年末各金融机构的地方政府投融资平台贷款余额占总贷款比重。来自国家开发银行的贷款占了总贷款的 69%；其次是来自城商行的贷款，这部分比例约为 14%；12% 的地方政府投融资平台贷款来自国有商业银行；其他来源的贷款则占 5%。

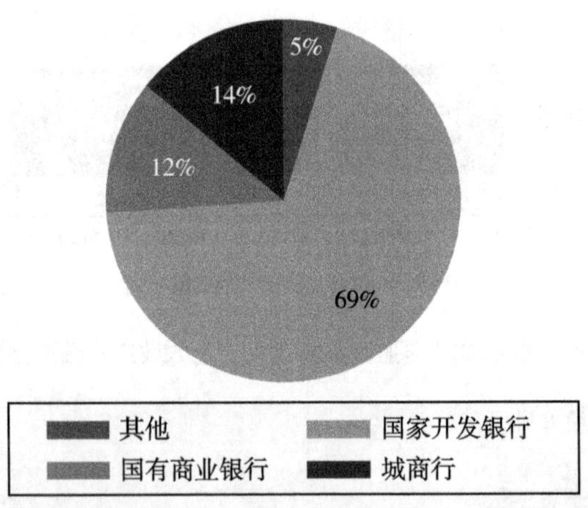

图 3-16 2009 年年末各金融机构的地方政府融资平台贷款余额占总贷款比重

数据来源：周沅帆．城投债—中国式市政债券［M］．北京：中信出版社，2009。

表3－6显示了2009年我国14家上市银行地方政府融资平台贷款情况。从数据上看，工商银行对地方政府投融资平台的贷款余额最多，为7200亿元，占了贷款总额的12.9%。从比例来看，南京银行将贷款总额的30.49%贷给了地方政府投融资平台。总的来看，2009年，即“四万亿”刺激计划开启之后的一年，有26726亿元的资金流向了地方政府投融资平台。值得一提的是，相比于其他的借款方式，银行贷款是地方政府投融资平台最主要的资金来源。

表3－6　2009年我国14家上市银行地方政府融资平台贷款情况

名称	地方投融资平台贷款余额/亿元	贷款总额/亿元	占总贷款的比例/%
工商银行	7200	55832	12.90%
建设银行	6400	46929	13.64%
中国银行	5400	47974	11.26%
兴业银行	1500	6920	21.68%
交通银行	1400	18015	7.77%
中信银行	1300	10505	12.38%
招商银行	1000	11618	8.61%
民生银行	830	8677	9.57%
华夏银行	600	4195	14.30%
浦发银行	550	9105	6.04%
南京银行	200	656	30.49%
北京银行	150	2675	5.61%
深发展	140	3556	3.94%
宁波银行	56	808	6.93%
合计	26726	227465	11.75%

数据来源：周沅帆．城投债—中国式市政债券［M］．北京：中信出版社，2009。

表3－7是2009—2015年银监会统计口径下地方政府投融资平台债务结构的中位数数据。可以看出，随着时间推移，地方政府投融资平台

的债务结构发生了很大的变化，2011 年以前，超过 90% 的债务来源于银行贷款。到了 2012 年，债务中来自银行贷款的比例下降至 68.87%，来自债券的比例则为 28.91%。此后债务结构保持稳定，银行贷款所占比例一直保持在 60% ~70%。

表 3 – 7　银监会统计口径地方政府投融资平台的债务结构中位数数据

年份	银行借款占比	债券占比	其他债务占比
2009	100%	0.00%	0.00%
2010	99.70%	0.00%	0.00%
2011	93.23%	0.00%	0.00%
2012	68.87%	28.91%	0.00%
2013	65.43%	30.71%	0.00%
2014	63.25%	30.95%	0.30%
2015	65.88%	27.02%	2.08%

数据来源：wind，苏宁金融研究院。

地方政府投融资平台公司通过抵押土地使用权获得银行信贷资金。一般的做法是，由土地管理部门根据规划确定储备土地的供应用途、年限等，向土地储备中心发放土地使用权证，以此作为地方政府投融资平台向银行申请土地抵押贷款的凭证。根据《国土资源公报》和《国土资源年鉴》数据，2007 年全国 84 个重点城市土地抵押面积为 192.5 万亩，贷款总额为 1.33 万亿元①。到 2014 年，土地抵押面积达到 676.5

① 这 84 个城市包括北京市、天津市、石家庄市、唐山市、邯郸市、保定市、张家口市、太原市、大同市、呼和浩特市、包头市、沈阳市、大连市、鞍山市、抚顺市、本溪市、丹东市、锦州市、阜新市、辽阳市、长春市、吉林市、哈尔滨市、齐齐哈尔市、鸡西市、鹤岗市、大庆市、伊春市、佳木斯市、牡丹江市、上海市、南京市、无锡市、徐州市、常州市、苏州市、杭州市、宁波市、合肥市、淮南市、淮北市、福州市、厦门市、南昌市、济南市、青岛市、淄博市、枣庄市、烟台市、潍坊市、泰安市、临沂市、郑州市、开封市、洛阳市、平顶山市、安阳市、新乡市、焦作市、武汉市、黄石市、襄阳市、荆州市、长沙市、株洲市、湘潭市、衡阳市、广州市、深圳市、汕头市、湛江市、南宁市、柳州市、海口市、重庆市、成都市、贵阳市、昆明市、拉萨市、西安市、兰州市、西宁市、银川市和乌鲁木齐市。

万亩，贷款金额高达 9.51 万亿元，而土地出让面积为 160.32 万亩，出让金收入为 2.06 万亿元（见图 3－17）。土地抵押的数量高于同期土地出让，抵押贷款增长速度也远超于同期全国固定资产投资及社会融资规模。土地成为地方政府融资的重要工具，并且逐渐取代成本日益上升的土地出让收入，成为地方政府获取资金的主要来源。

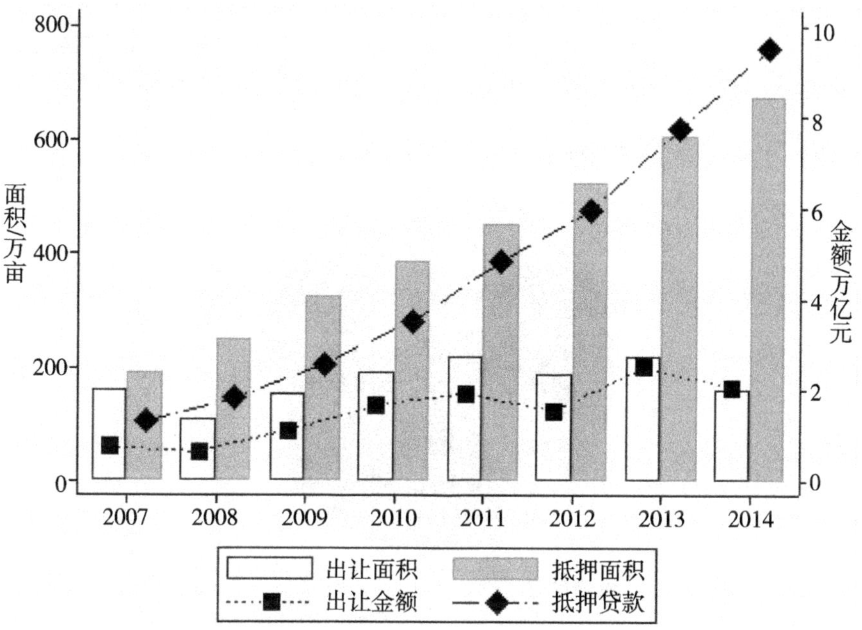

图 3－17　2007—2014 年全国 84 个重点城市土地抵押和出让情况

③地方政府投融资平台与城投债。

·是市政债券相关概念。

发行城投债是投融资平台公司第二种融资方式。投融资平台公司还可以用地方政府的土地资产和未来收益作为担保发行“城市投资建设债”（城投债）。2015 年以前，《中华人民共和国预算法》（以下简称《预算法》）（中华人民共和国主席令〔1994〕第 21 号）第 28 条规定：地方各级预算按照量入为出、收支平衡的原则编制，不列赤字。除法律和国务院另有规定以外，地方政府不得发行地方政府债券。因此地方政府只能采取间接的方式发行债券以避开旧《预算法》的限制。发行城投债便是间接发债的办法之一。从国际经验来看，城投债与世界各国的市政债券相类似，但又有所区别。

市政债券又称为市政证券或地方政府债券或地方公债，是指地方政府或与其相关联的机构根据本地发展需要，以地方政府税收收入或其他收益作为偿债来源，按照有关法律规定发行的承担还本付息责任的债务凭证。图 3 - 18 和图 3 - 19 分别显示的是 2017 年 6 月和 7 月美国市政债券的用途分类。可以看出市政债券募集的资金一般用于交通、住房、教育、卫生健康等地方性公共设施的建设。

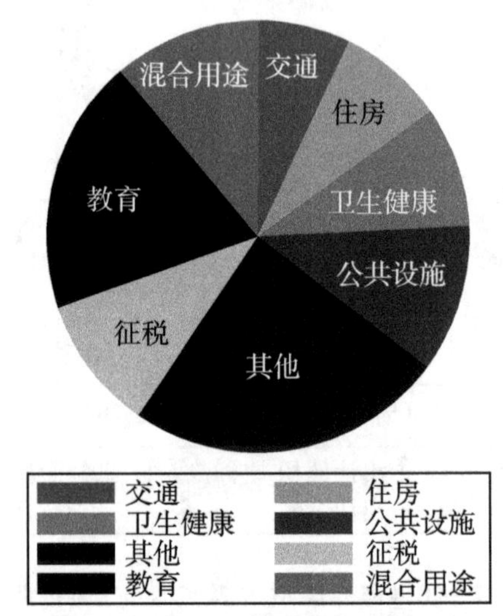

图 3 - 18　2017 年 6 月美国市政债券的用途分类

数据来源：证券业与金融市场协会（SIFMA）。

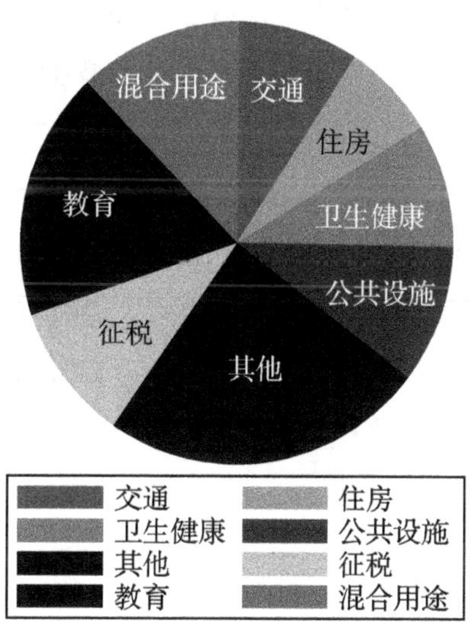

图 3－19　2017 年 7 月美国市政债券的用途分类

数据来源：证券业与金融市场协会（SIFMA）。

市政债券的由来可追溯到 19 世纪 20 年代的美国。1812 年，为了开凿伊利运河，纽约州政府需要筹集一大笔资金。为此，纽约州政府开始采取市政债券的方式融资。相比于先累积一定的财政收入再进行投资，市政债券融资的效率明显更高。因此，美国其他州的地方政府纷纷效仿。20 世纪 70 年代以后，市政债券开始在世界范围内流行。下面我们着重选取美国的市政债券与城投债进行对比分析。

作为世界上经济最发达的国家，美国的债券市场十分完善，债券种类多样。其中，经过 200 多年发展的市政债券是州和地方政府融资的重要渠道。表 3－8 展示的是 1980 年以来的美国债券市场的存量规模和结构。从表 3－8 可知，在 20 世纪 80 年代，市政债券占整个债券市场存量的比重一直稳定在 20% 左右。随着时间推移和新的债券品种诸如资产支持证券（ABS）等的兴起，市政债券比重越来越低。2004 年市政债券比重有明显的上升，从 2003 年的 9.28% 上升到 12.55%。此后，随着资本市场环境的不断变化，市政债券的比重不断下降。2018 年，市政债券的比重为 8.9%。从绝对值来看，市政债券的存量规模从 1980 年的 3994.4 亿美元上升到了 2018 年的 38211.5 亿美元，增长了大约 10 倍。图 3－20 展示的是 1980 年以来美国市政债券存量占 GDP 比例。从图 3－20 可知，美国市政债券存量占 GDP 比例在 1980 年时为 14% 左右，此后一直上升但在 1994 年以后开始下降并在 2000 年重回 1980 年时的水平。2000 年以后美国市政债券存量占 GDP 比例再次上升。2008 年金融危机以后，又再次下降。到了 2018 年，美国市政债券存量占 GDP 比例大约为 20%。

表 3－8 美国债券市场存量规模和结构（单位：10 亿美元）

年份	市政债券	国债	抵押支持债券（MBS）	公司债券	联邦机构债券	货币市场债券	资产支持证券（ABS）	合计	市政债券比重
1980	399. 44	623. 20	111. 40	467. 85	164. 30	163. 82		1930. 01	20. 70%
1981	443. 65	720. 30	127. 03	499. 02	194. 50	215. 07		2199. 57	20. 17%
1982	508. 05	881. 50	177. 07	544. 96	208. 80	226. 84		2547. 23	19. 95%
1983	575. 11	1050. 90	248. 27	585. 89	209. 30	253. 78		2923. 24	19. 67%
1984	650. 60	1247. 40	302. 94	663. 30	240. 40	305. 70		3410. 35	19. 08%
1985	859. 48	1437. 70	399. 88	789. 10	261. 00	358. 53	1. 32	4107. 00	20. 93%
1986	920. 38	1619. 00	614. 67	976. 09	276. 60	384. 90	11. 84	4803. 49	19. 16%
1987	1011. 98	1724. 70	815. 99	1092. 07	308. 30	437. 92	18. 59	5409. 55	18. 71%
1988	1079. 96	1821. 30	973. 62	1212. 52	370. 70	513. 36	26. 18	5997. 64	18. 01%
1989	1129. 80	1945. 40	1192. 70	1307. 81	397. 50	579. 22	37. 62	6590. 04	17. 14%
1990	1178. 62	2195. 80	1340. 12	1363. 51	421. 50	609. 88	67. 20	7176. 63	16. 42%
1991	1272. 08	2471. 60	1577. 12	1463. 58	421. 50	565. 92	92. 59	7864. 39	16. 18%
1992	1295. 40	2754. 10	1774. 35	1563. 30	462. 40	579. 05	117. 29	8545. 88	15. 16%
1993	1361. 70	2989. 50	2209. 03	1790. 22	550. 80	580. 01	133. 35	9614. 61	14. 16%
1994	1325. 77	3126. 00	2352. 92	1941. 70	727. 70	623. 46	162. 77	10260. 32	12. 92%

续表

年份	市政债券	国债	抵押支持债券(MBS)	公司债券	联邦机构债券	货币市场债券	资产支持证券(ABS)	合计	市政债券比重
1995	1268.16	3307.20	2432.11	2096.86	924.00	700.38	215.71	10944.40	11.59%
1996	1261.63	3444.70	2606.43	2268.02	925.80	802.98	298.18	11607.74	10.87%
1997	1318.53	3441.70	2871.77	2478.11	1021.80	979.42	394.85	12506.19	10.54%
1998	1402.73	3340.50	3243.38	2809.77	1302.10	1172.56	478.03	13749.06	10.20%
1999	1457.09	3265.98	3832.20	3163.53	1620.00	1402.44	583.47	15324.71	9.51%
2000	1480.71	2951.89	4119.31	3461.29	1853.70	1613.99	701.88	16182.77	9.15%
2001	1603.40	2968.00	4710.96	3877.10	2157.40	1473.99	812.01	17602.86	9.11%
2002	1762.82	3205.26	5289.39	4075.49	2377.70	1374.90	904.82	18990.37	9.28%
2003	1900.38	3575.18	5714.49	4370.07	2626.20	1292.94	995.33	20474.59	9.28%
2004	2877.65	3945.78	6301.69	4595.64	2700.60	1399.13	1100.24	22920.73	12.55%
2005	3101.42	4169.96	7218.08	4664.63	2616.00	1644.20	1281.40	24695.69	12.56%
2006	3287.54	4327.96	8389.93	4904.72	2633.96	1958.40	1656.86	27159.36	12.10%
2007	3551.71	4522.59	9385.97	5337.69	2906.25	1788.89	1963.52	29456.62	12.06%
2008	3667.61	5783.64	9467.37	5513.97	3210.58	1599.80	1829.55	31072.52	11.80%
2009	3850.77	7260.57	9352.47	6100.12	2727.50	1138.00	1712.12	32141.55	11.98%

续表

年份	市政债券	国债	抵押支持债券(MBS)	公司债券	联邦机构债券	货币市场债券	资产支持证券(ABS)	合计	市政债券比重
2010	3961. 43	8853. 02	9258. 37	6743. 94	2538. 78	1057. 59	1507. 83	33920. 96	11. 68%
2011	3923. 65	9928. 44	9075. 48	6862. 55	2326. 93	969. 30	1358. 99	34445. 34	11. 39%
2012	3920. 86	11046. 09	8838. 07	7266. 20	2095. 81	952. 43	1280. 34	35399. 79	11. 08%
2013	3852. 82	11854. 44	8742. 59	7682. 22	2056. 86	951. 63	1285. 73	36426. 29	10. 58%
2014	3806. 94	12504. 78	8842. 00	8044. 97	2028. 75	930. 39	1349. 38	37507. 20	10. 15%
2015	3821. 69	13191. 56	8894. 81	8284. 71	1995. 40	941. 49	1383. 67	38513. 32	9. 92%
2016	3866. 36	13908. 24	9023. 36	8688. 51	1971. 69	884. 87	1397. 13	39740. 16	9. 73%
2017	3879. 32	14468. 78	9304. 52	8994. 02	1934. 67	965. 90	1468. 86	41016. 08	9. 46%
2018	3821. 15	15607. 97	9732. 13	9200. 74	1841. 58	1076. 10	1677. 08	42956. 74	8. 90%

数据来源：证券业与金融市场协会(SIFMA)。

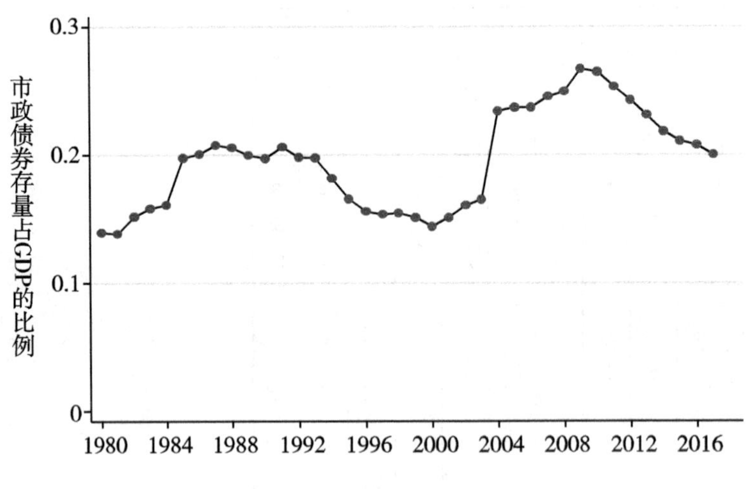

图 3－20　1980 年以来美国市政债券存量占 GDP 比例

数据来源：证券业与金融市场协会（SIFMA）和世界银行。

从发行规模来看，美国的市政债券也在债券市场中占据一定地位。表 3－9 显示的是 1996 年以来每年的美国债券市场发行规模和结构。从绝对值来看，美国市政债券的发行规模在曲折上升，从 1996 年的 1829 亿美元上升到了 2017 年的 4480 亿美元，增长了两倍多。2018 年，美国市政债券的发行规模为 3383 亿美元，比上年度少了 1000 多亿美元。从市政债券占债券总发行规模的比重来看，2000 年以前市政债券比重一直维持在 8% 左右，此后不断下降，2018 年市政债券比重仅占 4.56%。

表 3－9 美国债券市场发行规模和结构(单位:10 亿美元)

年份	市政债券	国债	抵押支持债券(MBS)	公司债券	联邦机构债券	资产支持债券(ABS)	合计	市政债券比重
1996	182.9	612.4	551.8	337.4	277.9	121.2	2083.5	8.78%
1997	218.6	540.0	725.2	455.3	323.1	143.1	2405.3	9.09%
1998	284.1	438.4	1260.6	588.5	596.4	184.2	3352.1	8.47%
1999	224.4	364.6	1121.6	602.1	548.0	196.3	3057.0	7.34%
2000	198.2	312.4	779.9	575.1	446.6	240.3	2552.5	7.77%
2001	286.2	380.7	1816.7	770.6	941.0	261.4	4456.7	6.42%
2002	355.7	571.6	2514.9	636.7	1041.5	268.6	5389.0	6.60%
2003	380.1	745.2	3537.1	774.3	1219.5	287.6	6943.8	5.47%
2004	358.1	853.3	2428.3	775.8	877.8	330.6	5623.8	6.37%
2005	407.1	746.2	2764.1	750.1	635.0	473.7	5776.2	7.05%
2006	385.9	788.5	2691.1	1058.4	691.8	658.2	6273.9	6.15%
2007	429.2	752.3	2434.2	1141.0	831.2	827.6	6415.5	6.69%
2008	389.3	1037.3	1394.0	717.0	924.8	215.2	4677.5	8.32%
2009	409.5	2074.9	2172.1	945.4	1244.4	177.9	7024.3	5.83%
2010	433.1	2319.8	2012.6	1055.4	1362.1	125.9	7309.0	5.93%

续表

年份	市政债券	国债	抵押支持债券（MBS）	公司债券	联邦机构债券	资产支持债券（ABS）	合计	市政债券比重
2011	295. 1	2103. 3	1724. 8	1025. 1	1025. 3	151. 0	6324. 5	4. 67%
2012	382. 6	2304. 5	2195. 1	1371. 2	925. 5	259. 0	7438. 0	5. 14%
2013	335. 3	2140. 0	2120. 2	1379. 9	652. 9	304. 1	6932. 5	4. 84%
2014	339. 1	2215. 4	1439. 6	1438. 4	558. 7	393. 4	6384. 6	5. 31%
2015	405. 1	2122. 5	1800. 7	1494. 8	645. 5	333. 4	6801. 9	5. 96%
2016	445. 8	2169. 4	2044. 2	1527. 6	927. 9	325. 4	7440. 3	5. 99%
2017	448. 0	2224. 3	1934. 8	1652. 4	731. 3	550. 3	7541. 2	5. 94%
2018	338. 3	2684. 6	1898. 6	1336. 4	649. 2	516. 9	7424. 0	4. 56%

数据来源:证券业与金融市场协会(SIFMA)。

从交易规模的角度看，美国市政债券的交易规模波动比较大。图3－21显示了1996年以来美国市政债券日平均交易规模。2008年金融危机以前，市政债券的日平均交易规模在不断上升，但随着金融危机的爆发，美国市政债券的日平均交易规模开始萎缩并在2015年达到最低点，只有86亿美元/日。最近几年美国市政债券的日平均交易规模有所上升，2018年时为116亿美元/日。图3－22汇总了2018年美国各地区市政债券年交易数量。可以看出，2018年加利福尼亚州的市政债券交易量最大，为132万美元。其次是纽约州，2018年市政债券交易量为107万美元。排在第三位的是得克萨斯州，交易量为94万元。

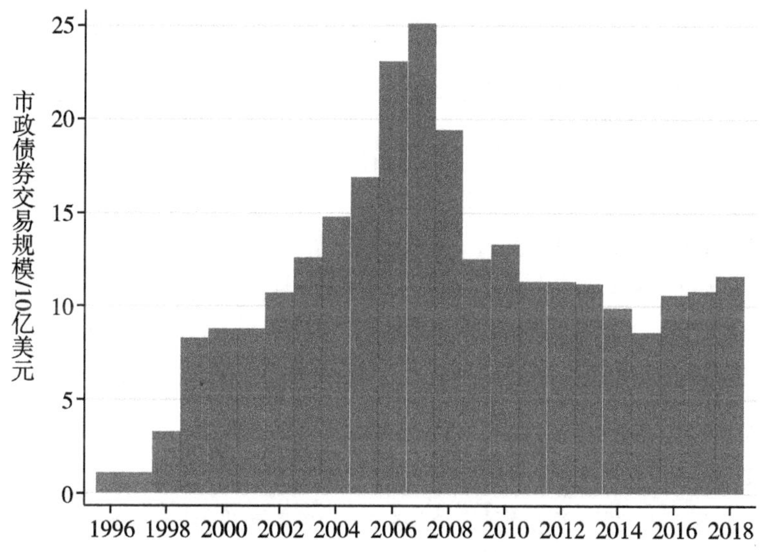

图3 21 美国市政债券日平均交易规模（单位：10亿美元）

数据来源：证券业与金融市场协会（SIFMA）。

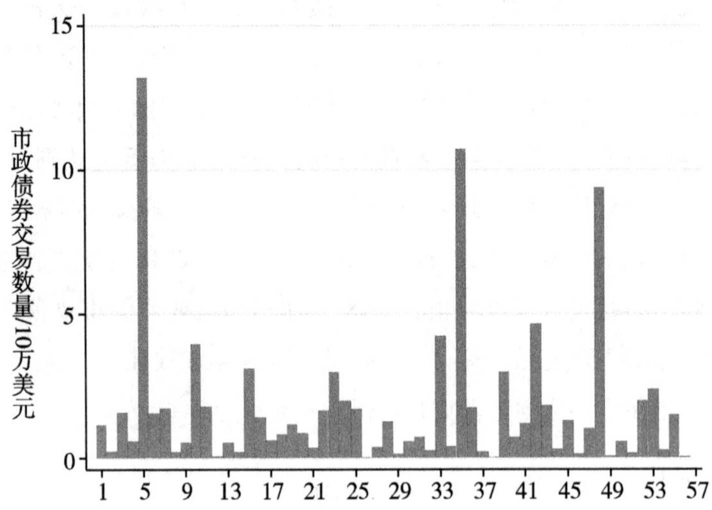

图 3－22　2018 年美国各地区市政债券年交易数量（单位：10 万美元）

注：1～56 个地区分别为亚拉巴马州、阿拉斯加州、亚利桑那州、阿肯色州、加利福尼亚州、科罗拉多州、康涅狄克州、特拉华州、华盛顿哥伦比亚特区、佛罗里达州、佐治亚州、关岛、夏威夷州、爱达荷州、伊利诺利州、印第安纳州、艾奥瓦州、堪萨斯州、肯塔基州、路易安那州、缅因州、马里兰州、马萨诸塞州、密歇根州、明尼苏达州、美属太平洋各群岛（包括：中途岛、约翰斯顿岛、豪兰岛、贝克岛和威克岛等）、密西西比州、密苏里州、蒙大拿州、内布拉斯加州、内华达州、新罕布什尔州、新泽西州、新墨西哥州、纽约州、北卡罗来纳州、北达科他州、北马里亚纳群岛、俄亥俄州、俄克拉荷马州、俄勒冈州、宾夕法尼亚州、波多黎各自治邦、罗得岛州、南卡罗来纳州、南达科他州、田纳西州、得克萨斯州、美属维尔京群岛、犹他州、佛蒙特州、弗吉尼亚州、华盛顿州、西弗吉尼亚州、威斯康星州、怀俄明州。

数据来源：证券业与金融市场协会（SIFMA）。

从美国市政债券的种类来看，美国的市政债券可分为一般责任债券（General Obligation Bonds）和收益债券（Revenue Bonds）。两者不同之处在于发行方自身的信用状况和偿债资金来源。一般责任债券以发行机构的全部声誉和信用作为担保、以地方财政税收作为支持。一般责任债券并不规定资金要与特定项目挂钩。地方政府可以用税收、附加税收、准许收费、特殊收费和罚款等作为发行一般责任债券的担保。因此，一般责任债券是以地方政府无限征税能力为保证，其信用等级非常高，仅次于国债，违约风险很低。收益债券则一般与特定项目挂钩，其还本付息的资金来源于这些项目建成以后的收益。例如，机场债券（Airport Bonds）、大学债券（College and University Bonds）、医院债券（Hospital Bonds）、收费公路和汽油税债券（Toll Road and Gas Tax Bonds）、自来水债券（Water Bonds）等都属于收益债券。由于收益债券的偿债资金来源于项目的现金流，其稳定性和安全性比地方政府的财政收入要更差。因此，相比于一般责任债券，收益债券的违约风险更高。表 3－10 显示了一般责任债券和收益债券的区别。图 3－23 显示了 1996 年以来一般责任债券和收益债券发行量变化趋势。可以看出，两者的变化趋势非常一致。收益债券由于所受限制更小，更能体现“谁受益，谁付费”原则，更受地方政府青睐，发行量更大。图 3－23 样本期间内，平均来说，收益债券的发行规模是一般责任债券的 1.8 倍。

表 3－10　一般责任债券和收益债券的对比

类别	偿债来源	发债用途	发行单位	发行条件	信用状况
一般责任债券	财政税收	纯公共产品	地方政府	较严格，需全民表决	高
收益债券	项目收入或其他收入	准公共产品	政府代理机构或授权机构	较宽松	较高

资料来源：周沅帆．城投债—中国式市政债券［M］．北京：中信出版社，2009。

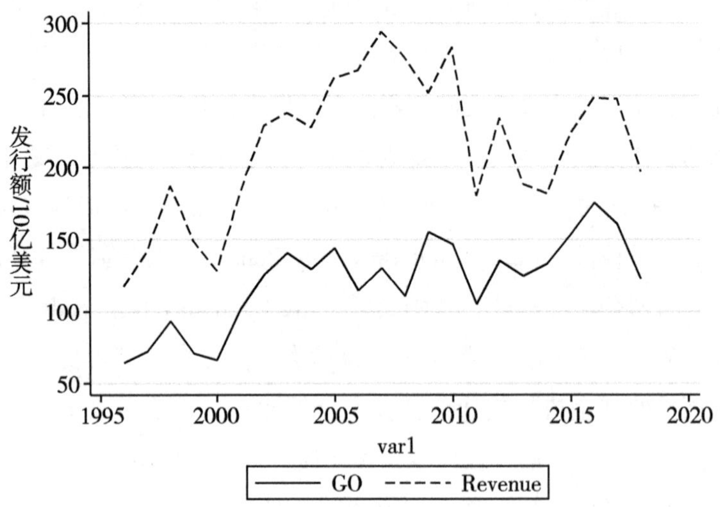

图 3－23　一般责任债券（GO）和收益债券（Revenue）发行量变化趋势

数据来源：证券业与金融市场协会（SIFMA）。

从期限结构来看，美国市政债券既有短期债券也有长期债券。表 3－11展示了2007年和2018年每月各期限结构的市政债券占总交易量的比重。在2007年，50%～60%市政债券的期限结构是20年以上，其次是10～20年的市政债券，占比在20%～30%，期限结构为5～10年的市政债券一般占比为8%左右，期限结构为1～5年的市政债券一般占比为4%或者5%，期限结构少于1年的市政债券一般占比为1%～3%。到了2018年，各期限结构市政债券占总交易量的比重与2007年相比有了很大变化。期限结构在10～20年及20年以上的市政债券所占比重大致相同，都在30%左右。期限结构为5～10年的市政债券占比大约在15%左右，期限结构为1～5年的市政债券占比大约为11%左右，而期限结构少于1年的市政债券占比上升到了4%～10%。图3－24显示的是美国市政债券1996—2018年的年平均发行期限。从图3－24可知，年平均发行期限最高为2021年，最低为2015年。样本期间内平均发行期限为18年。

表 3-11　各期限结构市政债券占总交易量的比重

	少于 1 年	1～5 年	5～10 年	10～20 年	20 年以上
2007 年 1 月	2%	4%	8%	29%	58%
2007 年 2 月	2%	4%	8%	30%	57%
2007 年 3 月	2%	5%	8%	28%	57%
2007 年 4 月	2%	5%	8%	30%	56%
2007 年 5 月	1%	5%	8%	29%	57%
2007 年 6 月	1%	5%	8%	27%	58%
2007 年 7 月	1%	4%	8%	27%	60%
2007 年 8 月	1%	5%	7%	25%	62%
2007 年 9 月	2%	5%	9%	26%	59%
2007 年 10 月	3%	4%	8%	25%	60%
2007 年 11 月	2%	4%	8%	26%	60%
2007 年 12 月	2%	4%	8%	24%	61%
2018 年 1 月	4%	10%	16%	36%	34%
2018 年 2 月	4%	13%	17%	33%	33%
2018 年 3 月	5%	12%	16%	33%	34%
2018 年 4 月	5%	11%	15%	35%	34%
2018 年 5 月	5%	11%	16%	33%	35%
2018 年 6 月	8%	13%	14%	31%	34%
2018 年 7 月	8%	13%	14%	33%	32%
2018 年 8 月	8%	12%	13%	33%	34%
2018 年 9 月	10%	11%	13%	32%	34%
2018 年 10 月	7%	11%	14%	33%	35%
2018 年 11 月	7%	12%	15%	34%	32%
2018 年 12 月	9%	12%	15%	32%	32%

数据来源：证券业与金融市场协会（SIFMA）。

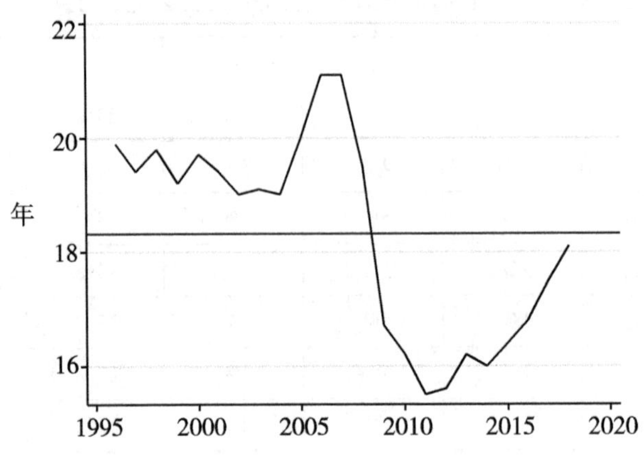

图 3－24　市政债券平均发行期限

数据来源：证券业与金融市场协会（SIFMA）。

从持有结构看，美国市政债券的持有者较为多元。表 3－12 显示了 1996—2017 年美国市政债券持有者情况。可以看到，截至 2017 年，个人投资者是美国市政债券最大持有者，其次是共同基金、银行机构和保险公司。保险公司的持有金额与银行机构所差无几。

表 3－12　美国市政债券持有者情况（单位：10 亿美元）

	个人投资者	共同基金	银行机构	保险公司	其他	合计
1996	455.2	454.5	107.2	188.9	55.9	1261.6
1997	444.2	498.9	112.0	208.9	54.5	1318.5
1998	438.7	554.6	120.5	227.8	61.1	1402.7
1999	496.7	546.6	125.7	223.1	64.9	1457.1
2000	482.9	583.2	128.6	208.9	77.2	1480.7
2001	536.0	637.6	144.0	203.9	82.0	1603.4
2002	601.0	700.8	148.5	221.1	91.5	1762.8
2003	616.9	740.5	164.2	267.2	111.6	1900.4
2004	1513.9	746.1	180.2	320.4	117.5	2878.1

续表

	个人投资者	共同基金	银行机构	保险公司	其他	合计
2005	1627.5	783.7	209.6	366.2	114.6	3101.5
2006	1685.7	854.9	242.3	389.4	115.2	3287.6
2007	1775.8	963.9	254.1	432.8	125.1	3551.7
2008	1913.1	922.1	263.2	443.9	125.1	3667.3
2009	1993.8	988.4	263.2	471.3	133.7	3850.4
2010	2075.1	963.0	297.2	482.9	142.4	3960.5
2011	1973.2	971.0	334.8	505.4	137.6	3922.0
2012	1832.7	1050.0	398.5	504.4	133.6	3919.2
2013	1855.7	920.3	445.6	497.4	132.3	3851.3
2014	1717.9	956.7	476.9	520.2	133.8	3805.4
2015	1677.9	948.3	519.3	534.8	139.4	3819.7
2016	1709.9	898.0	577.0	535.9	142.4	3863.2
2017	1635.5	941.9	603.2	536.7	158.6	3876.0

数据来源：证券业与金融市场协会（SIFMA）。

总的来说，美国市政债券经过多年发展，已经较为完善，成为了地方政府进行城市建设的重要资金来源。美国市政债券具有以下的 4 个优点。首先，可以得到税收减免。在美国，若投资于一般的公司债券，投资者不仅需要交纳利息所得税，还需要缴纳资本所得税。在美国，利息所得和工资收入一样纳入所得税征税范围，按累进税率征税。而资本利得税的税率最高为 20%。与之相对比，绝大部分市政债券都享受联邦政府或者地方政府的税收优惠（周沅帆，2009）。根据投资者享受的税收优惠种类不同，市政债券可以分为三类：第一类是享受免税的市政债券。第二类是享受选择性最低税率优惠的市政债券，即在确定联邦政府对个人收入进行征税的税基时，投资市政债券所获得的利息可以享受最低税率优惠（Alternative Minium Tax）。第三类则是没有税收优惠的市政债券。表 3 - 13 展示了享受不同税收优惠的美国市政债券金额。可以看出，免税的市政债券的金额远超于享受最低税率优惠和应税的市政债券。其次，信用等级高。在美国，市政债券的信用等级仅次于国债，违约风险小，投资安全性强。再次，可以选择的期限结构非常多元，既可以选择 1 年以下的市政债券，也可以选择 1 ~ 5 年、5 ~ 10 年或者超过 20 年的市政债券。最后，流动性高。美国市政债券市场的建设经验能为发展我国地方政府债券提供参考。

表 3 - 13　享受不同税收优惠的美国市政债券金额（单位：10 亿美元）

年份	最低税率优惠（AMT）	免税	应税
1996	20.72	179.26	9.85
1997	24.03	212.15	13.95
1998	24.67	277.92	15.97
1999	23.29	216.29	15.32
2000	25.13	192.07	13.07
2001	28.38	283.06	15.16
2002	29.09	353.02	19.48
2003	23.46	378.15	40.32
2004	23.31	355.25	24.02
2005	30.40	405.25	25.24
2006	35.38	381.21	29.26
2007	37.84	424.15	29.30
2008	24.16	386.11	24.24
2009	1.58	405.89	84.67
2010	5.82	424.76	151.86
2011	8.12	285.16	31.93
2012	13.04	369.79	32.83
2013	10.32	312.62	38.29

续表

年份	最低税率优惠（AMT）	免税	应税
2014	9. 35	314. 61	26. 97
2015	12. 27	377. 35	30. 60
2016	12. 26	417. 77	30. 81
2017	16. 48	408. 41	38. 90
2018	17. 18	277. 94	25. 13

数据来源：证券业与金融市场协会（SIFMA）。

二是城投债相关概念。

城投债的发展和我国的城镇化进程密切相关。2015 年以前，《预算法》（中华人民共和国主席令〔1994〕第 21 号）第 28 条规定：地方各级预算按照量入为出、收支平衡的原则编制，不列赤字。除法律和国务院另有规定以外，地方政府不得发行地方政府债券。为了进行城市建设融资，地方政府采取了设立投融资平台发行城投债间接融资的办法。城投债实际上是中国式市政债券（周沅帆，2009）。

在我国，最早发行城投债的是上海市政府。1992 年 7 月 22 日，为了发展浦东新区，上海市政府成立了上海市城市建设投资开发总公司，用以筹措城市建设和维护的资金。1993 年 4 月 15 日，上海市城市建设投资开发总公司发行了第一只城投债，发行规模为 5 亿元，发行期限为 2 年，票面利率为 10. 5% 。在上海市政府发行第一期城投债以后，全国各地政府也纷纷效仿设立投融资平台发行城投债募集城市建设的资金。城投债规模不断扩大。从时间线来看，城投债的发展大约经过了 4 个阶段。

2005 年以前是城投债的起步阶段。1994 年分税制改革以来，地方政府财政能力减弱，为此需要创造新的财源推动城镇化建设。然而，旧《预算法》（中华人民共和国主席令〔1994〕第 21 号）第 28 条规定：地方各级预算按照量入为出、收支平衡的原则编制，不列赤字。除法律和国务院另有规定以外，地方政府不得发行地方政府债券。为此，地方政府开始尝试设立投融资平台进行借债。虽然上海市1992年便开始发行城投债，但在2005年之前，我国的城投债基本为中央企业债券（罗党论和佘国满，2015），发行规模还比较小，这段时期属于起步阶段。

2005—2008年是城投债稳步发展的阶段。2005年7月，上海市城市建设投资开发总公司发行了规模为30亿元的地方企业债，此后国家发展和改革委员会调整了企业债的发行门槛，把城投债全部纳入地方企业债范围，推动了城投债发行数量和规模的快速增长和扩大。2005年当年的城投债规模超过380亿元，城投债发行只数为12只。2008年当年的城投债规模则接近1000亿元，发行城投债65只。

2009—2014年是城投债井喷式发展的阶段。为了抵御金融危机，中央政府实施“四万亿”等积极财政政策，扩大投资规模。为了配合积极财政政策的实施，城投债的审批程序被放松，发行门槛被降低。2008年1月，国家发展改革委员会发布了《关于推进企业债券市场发展、简化发行核准程序有关事项的通知》（发改财金〔2008〕7号），简化了企业债券发行核准程序，以额度审批为特征的计划管理体制宣告终结（罗党论和佘国满，2015）。2009年3月，中国人民银行联合银监会发布《关于进一步加强信贷结构调整促进国民经济平稳较快发展的指导意见》，提出支持有条件的地方政府组建投融资平台，发行企业债、中期票据等融资工具。在这些积极财政政策的刺激下城投债迅猛发展。2012年以来，发改委对企业债发行审核再度放松。2012年年末的中央经济工作会议指出，城镇化是我国现代化建设的历史任务，也是扩大内需的最大潜力所在。政策方向再次加快了城投债的发展。图3－25显示了2007—2014年全国城投债发行只数和规模。从图中可知，城投债发行量自2009年开始增加，2012—2014年呈现井喷式增长。根据Wind数据库提供的数据，2014年全国共发行城投债1920只，融资额达到19215.91亿元。

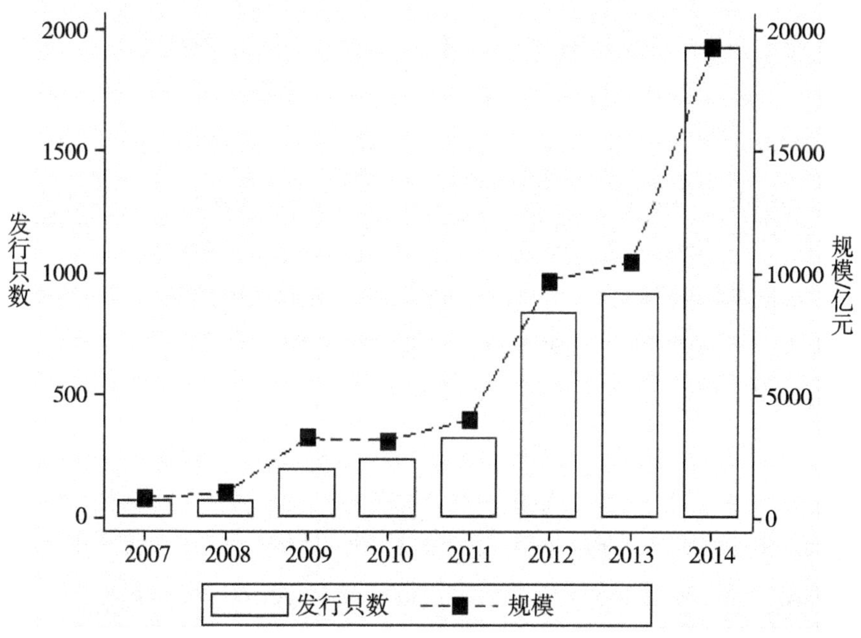

图 3－25　2007—2014 年全国城投债发行只数和规模

数据来源：wind。

2014 年至今是城投债发展的第 4 个阶段。随着地方政府债务规模不断扩大，防范城投债带来的金融风险变得更为重要。无论是银行贷款还是发行城投债，都依赖于地方政府对投融资平台债务的土地担保。第一，还款主要来源于未来土地增值收益的实现，由于我国尚未开征房地产保有环节的税收，收益的实现主要来自商、住用地一次性的土地出让收入；第二，由于抵押品效应，土地价格上涨增加抵押品的价值，地方政府可以通过抵押较少的土地获取较高的融资收入，提高地方政府进一步举债的能力。相反，若土地价格下跌，变现收入下降，投融资平台资金链断裂，将触发系统性的金融风险。

投融资平台依赖政府的隐性担保，以未来土地预期价值作为保障和支撑，举债投资基础设施建设。在这个以加杠杆推动大城建的过程中，地方政府债务问题之所以一度显得不那么突出，主要是由于在此期间土地市场和房地产市场持续繁荣。然而，当经济下行压力较大时，这种模式不仅不利于公共财政的持续性（Ghosh 等，2013），也不利于长期增长（Kumar 和 Woo，2010）。并且，政府债务违约风险的变化也会对金融市场造成重大影响，如果处理不当，可能会引发债务危机，进而导致金融危机（Reinhart 和 Rogoff，2011；钟辉勇和陆铭，2015）。

潜在的风险引发了中央政府对政府性债务膨胀的防范。2014 年 10 月 2 日，《国务院关于加强地方政府性债务管理的意见》（国务院〔2014〕43 号文）对外公布，文件指出：要疏堵结合，修明渠、堵暗道，赋予地方政府依法适度举债融资权限，加快建立规范的地方政府举债融资机制。同时，坚决制止地方政府违法违规举债；分清责任，明确政府和企业的责任，政府债务不得通过企业举借，企业债务不得推给政府偿还，切实做到谁借谁还、风险自担。政府与社会资本合作的，按约定规则依法承担相关责任；规范管理，对地方政府债务实行规模控制，严格限定政府举债程序和资金用途，把地方政府债务分门别类纳入全口径预算管理，实现“借、用、还”相统一；防范风险，牢牢守住不发生区域性和系统性风险的底线，切实防范和化解财政金融风险；稳步推进，加强债务管理，既要积极推进，又要谨慎稳健。在规范管理的同时，要妥善处理存量债务，确保在建项目有序推进。2015 年以后，新《预算法》开始实施。新《预算法》修订的第 38 条规定：经国务院批准的省、自治区、直辖市的预算中必需的建设投资的部分资金，可以在国务院确定的限额内，通过发行地方政府债券举借债务的方式筹措。举借债务的规模，由国务院报全国人民代表大会或者全国人民代表大会常务委员会批准。省、自治区、直辖市依照国务院下达的限额举借的债务，列入本级预算调整方案，报本级人民代表大会常务委员会批准。举借的债务应当有偿还计划和稳定的偿还资金来源，只能用于公益性资本支出，不得用于经常性支出。除前款规定外，地方政府及其所属部门不得以任何方式举借债务。除法律另有规定外，地方政府及其所属部门不得为任何单位和个人的债务以任何方式提供担保。国务院建立地方政府债务风险评估和预警机制、应急处置机制，以及责任追究制度。国务院财政部门对地方政府债务实施监督。新《预算法》综合考虑了地方发展需要、化解地方政府债务、风险防范化解等多方面因素，确立了堵疏结合的原则，即在为地方政府举债“开正门”的同时，也设置了若干安全阀来“堵偏门”，从6个方面确立了地方政府举债的基本规则。第一，举债主体，规定只能是经国务院批准的省级政府。第二，用债方向，要求只能是用于公益性资本支出，不得用于经常性支出。第三，债务规模，实行债券发行限额管理，不能超额发行。第四，还债能力，应当有偿还计划和稳定的资金来源。第五，管理机制，规定了有关的债务风险评估预警机制等。第六，法律责任，明确规定了违规举借债务或为他人债务提供担保的法律责任。2017年7月的中央政治局会议指出：要积极稳妥化解累积的地方政府债务风险，有效规范地方政府举债融资，坚决遏制隐性债务增量。这些规定在允许地方政府发债的同时，把政府举债的风险控制在合理区间，有效地防范了地方政府的债务风险。表3－14梳理了2008年以来的城投债相关政策。

表3－14　城投债相关政策梳理

时间	相关政策内容
2008年1月2日	国家发改委发布《关于推进企业债券市场发展、简化发行核准程序有关事项的通知》。《通知》强调：企业公开发行企业债券应符合下列条件。第一，股份有限公司的净资产不低于人民币3000万元，有限责任公司和其他类型企业的净资产不低于人民币6000万元。第二，累计债券余额不超过企业净资产（不包括少数股东权益）的40%。第三，最近三年平均可分配利润（净利润）足以支付企业债券一年的利息。第四，筹集资金的投向符合国家产业政策和行业发展方向，所需相关手续齐全。用于固定资产投资项目的，应符合固定资产投资项目资本金制度的要求，原则上累计发行额不得超过该项目总投资的60%。用于收购产权（股权）的，比照该比例执行。用于调整债务结构的，不受该比例限制，但企业应提供银行同意以债还贷的证明；用于补充营运资金的，不超

续表

时间	相关政策内容
2008年1月2日	过发债总额的20%。第五，债券的利率由企业根据市场情况确定，但不得超过国务院限定的利率水平。第六，已发行的企业债券或者其他债务未处于违约或者延迟支付本息的状态。第七，最近三年没有重大违法违规行为。企业可发行无担保信用债券、资产抵押债券、第三方担保债券
2009年3月18日	中国人民银行联合银监会发布《关于进一步加强信贷结构调整促进国民经济平稳较快发展的指导意见》。《意见》指出：要鼓励地方政府通过增加地方财政贴息、完善信贷奖补机制、设立合规的政府投融资平台等多种方式，吸引和激励银行业金融机构加大对中央投资项目的信贷支持力度。支持有条件的地方政府组建投融资平台，发行企业债、中期票据等融资工具，拓宽中央政府投资项目的配套资金融资渠道。对钢铁、汽车、轻工、纺织、装备制造、电子信息、船舶、有色金属、石化、物流等国家重点产业调整振兴规划已明确支持方向的专项项目，以及符合条件的技术改造项目，金融机构要根据产业规划的要求和项目需求特点，积极创新融资产品和服务方式，加大必要的融资支持力度，切实做好各项配套金融支持和服务工作
2010年6月10日	国务院发布《关于加强地方政府融资平台公司管理有关问题的通知》。《通知》强调：要地方各级政府要对融资平台公司债务进行一次全面清理，并按照分类管理、区别对待的原则，妥善处理债务偿还和在建项目后续融资问题。对只承担公益性项目融资任务且主要依靠财政性资金偿还债务的融资平台公司，今后不得再承担融资任务，相关地方政府要在明确还债责任，落实还款措施后，对公司做出妥善处理。对承担上述公益性项目融资任务，同时还承担公益性项目建设、运营任务的融资平台公司，要在落实偿债责任和措施后剥离融资业务，不再保留融资平台职能。对承担有稳定经营性收入的公益性项目融资任务并主要依靠自身收益偿还债务的融资平台公司，以及承担非公益性项目融资任务的融资平台公司，要按照有关规定，充实公司资本金，完善治理结构，实现商业运作；要通过引进民间投资等市场化途径，促进投资主体多元化，改善融资平台公司的股权结构。融资平台公司融资和担保要严格执行相关规定。经清理整合后保留的融资平台公司，其融资行为必须规范，向银行业金融机构申请贷款须落实到项目，以项目法人公司作为承贷主体，并符合有关贷款条件的规定。银行业金融机构等要严格规范信贷管理，切实加强风险识别和风险管理。要落实借款人准入条件，按商业化原则履行审批程序，审慎评估借款人财务能力和还款来源。凡没有稳定现金流作为还款来源的，不得发放贷款。向融资平台公司新发贷款要直接对应项目，并严格执行国家有关项目资本金的规定。严格执行贷

续表

时间	相关政策内容
2010 年 6 月 10 日	款集中度要求，加强贷款风险控制，坚持授信审批的原则、程序与标准。要按照要求将符合抵质押条件的项目资产或项目预期收益等权利作为贷款担保。要认真审查贷款投向，确保贷款符合国家规划和产业发展政策要求。要加强贷后管理，加大监督和检查力度。地方政府在出资范围内对融资平台公司承担有限责任，实现融资平台公司债务风险内部化。要严格执行《中华人民共和国担保法》等有关法律法规规定，除法律和国务院另有规定外，地方各级政府及其所属部门、机构和主要依靠财政拨款的经费补助事业单位，均不得以财政性收入、行政事业等单位的国有资产，或其他任何直接、间接形式为融资平台公司融资行为提供担保
2010 年 11 月 20 日	国家发改委发布《国家发展改革委办公厅关于进一步规范地方政府投融资平台公司发行债券行为有关问题的通知》。《通知》再次强调：凡是申请发行企业债券的投融资平台公司，其偿债资金来源 70% 以上（含 70%）必须来自公司自身收益，且公司资产构成等必须符合国发〔2010〕19 号文件的要求。经营收入主要来自承担政府公益性或准公益性项目建设，且占企业收入比重超过 30% 的投融资平台公司发行企业债券，除满足现行法律法规规定的企业债券发行条件外，还必须向债券发行核准机构提供本级政府债务余额和综合财力的完整信息，作为核准投融资平台公司发行企业债券的参考。如果该类投融资平台公司所在地政府负债水平超过 100%，其发行企业债券的申请将不予受理。不得将公立学校、公立医院、公园、事业单位资产等公益性资产作为资本注入投融资平台公司。“公益性资产”是指主要为社会公共利益服务，且依据国家有关法律法规不得或不宜变现的资产。对于已将上述资产注入投融资平台公司的，在计算发债规模时，必须从净资产规模中予以扣除。投融资平台公司发行企业债券所募资金，应主要用于对经济社会发展和改善人民群众生活具有重要作用的基础设施和市政公用事业领域。所投项目必须符合国家产业政策和宏观调控要求，符合固定资产投资管理有关规定。发行人应按照核准的投向使用企业债券募集资金，不得擅自改变资金用途。债券承销机构、信用评级机构、会计师事务所、律师事务所等债券市场中介服务机构应认真履行各自职责，提供公正、客观、准确的相关文件，不得弄虚作假。信用评级机构在对投融资平台公司进行信用评级时，应参考公司所在地政府债务余额和综合财力等指标进行综合评价，并给出合理的评级结果。会计师事务所、律师事务所应按照有关要求对投融资平台公司资产构成、收入构成、偿债资金来源构成等出具专业意见。债券发行人应加强内部管理，制订偿债资金计划，并在银行建立“偿债资金专户”，在债券存续期过半后各年度，提前安排必要的还本资金，保证按时还

续表

时间	相关政策内容
2010年11月20日	还本付息。债券承销机构对于所承销债券，应该在债券存续期内督促债券发行人按时还本付息，以及债券回售安排的履约。投融资平台公司发行企业债券，应加强信息披露，确保相关信息的真实、准确、完整。在债券存续期间，发行人除应按照交易场所的规定，及时披露财务报告和企业的重大事项外，还应按时披露偿债资金专户的资金筹集情况
2012年12月11日	国家发改委发布《关于进一步强化企业债券风险防范管理有关问题的通知》。《通知》提出：资产负债率在65%～80%之间的发债申请企业，在审核工作中对偿债风险实行“重点关注”。资产负债率在80%～90%之间的发债申请企业，原则上必须提供担保措施。资产负债率超过90%，债务负担沉重，偿债风险较大的企业发债，不予核准发债。但实行有效的多种复合性风险防范措施的企业，可适当放宽资产负债率要求。特定行业企业资产负债率水平要求可适当放宽。城投类企业主体评级在AA－及以下的，应采取签订政府（或高信用企业）回购协议等保障措施或提供担保。禁止发债企业互相担保或连环担保。发债企业为其他企业发债提供担保的，在考察资产负债率指标时按担保额一半计入本企业负债额。政府投融资平台公司为其他企业发行债券提供担保的，按担保额的1/3计入该平台公司已发债余额
2012年12月24日	财政部、发改委、人民银行、银监会四部门联合下发《关于制止地方政府违法违规融资行为的通知》。《通知》强调：地方政府对融资平台公司注资必须合法合规，不得将政府办公楼、学校、医院、公园等公益性资产作为资本注入融资平台公司。严格执行《土地管理法》等有关规定，地方政府将土地注入融资平台公司必须经过法定的出让或划拨程序。以出让方式注入土地的，融资平台公司必须及时足额缴纳土地出让收入并取得国有土地使用证；以划拨方式注入土地的，必须经过有关部门依法批准并严格用于指定用途。融资平台公司经依法批准利用原有划拨土地进行经营性开发建设或转让原划拨土地使用权的，应当按照规定补缴土地价款。地方各级政府不得将储备土地作为资产注入融资平台公司，不得承诺将储备土地预期出让收入作为融资平台公司偿债资金来源。地方各级政府必须严格按照有关规定规范土地储备机构管理和土地融资行为，不得授权融资平台公司承担土地储备职能和进行土地储备融资，不得将土地储备贷款用于城市建设及其他与土地储备业务无关的项目。符合条件的融资平台公司因承担公共租赁住房、公路等公益性项目建设举借需要财政性资金偿还的债务，除法律和国务院另有规定外，不得向非金融机构和个人借款，不得通过金融机构中的财务公司、信托公司、基金公司、金融租赁公司、保险公司等直接或间接融资

续表

时间	相关政策内容
2013 年 4 月 9 日	银监会下发《关于加强 2013 年地方政府融资平台贷款风险监管的指导意见》。《意见》指出：各银行要继旗完善融资平台"名单制"管理信息系统，及时更新客户信息，并接季报送监管机构。贷款偿还情况，接季进行风险分析。对于不能按方案落实资金来源、未能按期偿还资期贷款或存在以贷还贷问题的，各银行要立即向监管机构报告，并及时与地方政府进行沟通，采取措施及时处置，避免出现重大违约事件。按照"保在建、压重建、控新建"的基本要求，继续坚持总量控制。各银行业金融机构法人不得新增融资平台贷款规模。对于现金流覆盖率低于 100% 或资产负债率高于 80% 的融资平台，各银行要确保其贷款占本行全部平台贷款的比例不高于上年水平，并采取措施逐步减少贷款发放，加大贷款清收力度。融资平台新发放贷款必须满足 6 个前提条件：现金流全覆盖；抵押担保符合现有规定，不存在地方政府及所属事业单位、社会团体直接或间接担保，且存量贷款已在抵押担保、贷款期限、还款方式等方面整改合格；融资平台存量贷款中需要财政偿还的部分已纳入地方财政预算管理，并已落实预算资金来源；借款人为本地融资平台；资产负债率低于 80%；符合《关于制止地方政府违法违规融资行为的通知》文件有关要求。各银行应根据融资平台现金流能否达到全覆盖、项目建设进度等情况，采取"及时收贷、收回再贷、据实定贷、引资还贷、只收不贷"的方式，逐步缓释存量平台贷款风险。各银行和各级监管机构均要建立包括银行贷款、企业债券、中期票据、短期融资券、信托计划、理财产品等在内的全口径融资平台负债统计制度。各银行要统筹考虑融资平台总负债规模与其偿债能力的匹配程度，加强对融资平台的全面风险管理。防范融资平台变相融资。继续严格执行"名单制"管理制度，符合国发〔2010〕19 号、财预〔2010〕412 号及财预〔2012〕463 号文件规定继续保留和新设的融资平台，必须纳入"名单制"进行统计。各银行不得对未结入"名单制"管理的融资平台发放任何形式由财政性资金承担直接或间接还款责任的贷款
2013 年 4 月 9 日	国家发改委下发《关于进一步改进企业债券发行审核工作的通知》《通知》提出：同意列入地方政府负债总规模监测的信用建设试点城市平台公司发行的债券和地方政府所属区域城投公司申请发行的首只企业债券，且发行人资产负债率低于 50% 的债券可以加快和简化审核。资产负债率较高（城投类企业 65% 以上，一般生产经营性企业 75% 以上）且债项级别在 AA + 以下的债券、企业及所在地地方政府或为其提供承销服务的券商有不尽职或不诚信记录和连续发债两次以上且资产负债率高于 65% 的城投类企业申请发行的债券要从严审核

续表

时间	相关政策内容
2014年8月31日	新《预算法》第38条修订为经国务院批准的省、自治区、直辖市的预算中必需的建设投资的部分资金，可以在国务院确定的限额内，通过发行地方政府债券举借债务的方式筹措。举借债务的规模，由国务院报全国人民代表大会或者全国人民代表大会常务委员会批准。省、自治区、直辖市依照国务院下达的限额举借的债务，列入本级预算调整方案，报本级人民代表大会常务委员会批准。举借的债务应当有偿还计划和稳定的偿还资金来源，只能用于公益性资本支出，不得用于经常性支出。除前款规定外，地方政府及其所属部门不得以任何方式举借债务。除法律另有规定外，地方政府及其所属部门不得为任何单位和个人的债务以任何方式提供担保。国务院建立地方政府债务风险评估和预警机制、应急处置机制以及责任追究制度。国务院财政部门对地方政府债务实施监督
2014年9月26日	国家发改委下发《关于全面加强企业债券风险防范的若干意见》。《意见》指出：对政府及其有关部门的应收账款、其他应收款、长期应收款合计超过净资产规模40%的企业，要进行重点关注，对企业应收账款、其他应收款、长期应收款及在建工程等科目应进行详细的风险分析，风险较大、政府有关部门违规调用资金或未履约付款等情况严重的，且上述科目涉及金额合计超过净资产60%的，不予受理企业债券发行申请。对政府及其有关部门的应收账款和其他应收款等科目涉及资金，应由相关地方政府出具详细可操作的偿债计划和资金支付安排说明文件。资产负债率在60%以上的城投类发债申请企业原则上必须提供担保措施；主体信用级别达到AAA的，可适当放宽为资产负债率在70%以上的城投类发债申请企业必须提供担保措施。资产负债率超过85%，债务负担沉重，偿债风险较大的企业，不予核准发债，主体信用级别达到AAA的，经研究可适当放宽要求。发债企业申报时间间隔由6个月调整为1年。申请发债城投企业应承诺不进行与项目投资收回期限不匹配的短期高利融资；2013年以后仍盲目进行短期高利融资的企业，其短期高利融资综合融资成本达到银行相同期限贷款基准利率1.5倍以上，累计额度超过企业总负债规模10%，不再受理企业债券发行申请；投资项目涉及政府补贴、回购等有关政府偿债保障，企业利润主要来源于财政补贴、主营业务收入主要依靠与政府的合同收入的已发债城投企业，一律不准采取私募融资方式。区域全口径债务率超过100%的，暂不受理区域内城投企业有可能新增政府性债务负担的发债申请；地方政府所属城投企业已发行未偿付的企业债券、中期票据余额与地方政府当年GDP的比值超过8%的，其所属城投企业发债应严格控制。城投企业单次发债规模，原则上不超过所属地方政府上年本级公共财政预算收入

续表

时间	相关政策内容
2014 年 10 月 23 日	财政部印发《地方政府存量债务纳入预算管理清理甄别办法》。《办法》提出：地方各级政府要结合清理甄别工作，认真甄别筛选融资平台公司存量项目，对适宜开展政府与社会资本合作（PPP）模式的项目，要大力推广 PPP 模式，达到既鼓励社会资本参与提供公共产品和公共服务并获取合理回报，又减轻政府公共财政举债压力、腾出更多资金用于重点民生项目建设的目的
2015 年 2 月 17 日	国家发改委下发《关于进一步改进和规范企业债券发行工作的几点意见》。《意见》强调：企业与政府签订的建设—移交（BT）协议收入、政府指定红线图内土地的未来出让收入返还，按照 43 号文件精神，暂不能作为发债偿债保障措施
2015 年 5 月 15 日	国务院办公厅转发财政部人民银行银监会《关于妥善解决地方政府融资平台公司在建项目后续融资问题意见的通知》。《通知》提出：地方各级政府和银行业金融机构要妥善处理融资平台公司在建项目后续融资问题，区分存量和增量实施分类管理，依法合规进行融资，切实满足促进经济发展和防范财政金融风险的需要。地方各级政府和银行业金融机构要按照总量控制、区别对待的原则，支持融资平台公司在建项目的存量融资需求，确保在建项目有序推进。对于在 2014 年 12 月 31 日前已签订具有法律效力的借款合同并已放款，但合同尚未到期的融资平台公司在建项目贷款，银行业金融机构要在全面把控风险、落实信贷条件的前提下，继续按照合同约定发放贷款，不得盲目抽贷、压贷、停贷。对于在 2014 年 12 月 31 日前已签订具有法律效力的借款合同，且合同到期的融资平台公司在建项目贷款，如果项目自身运营收入不足以还本付息，银行业金融机构可与地方政府、融资平台公司协商，在后续借款与前期借款合同约定的责任一致，且确保借款合同金额不增加的前提下，重新修订借款合同，合理确定贷款期限，补充合格有效抵质押品。地方各级政府要密切关注融资平台公司在建项目中应由财政支持的增量融资需求，在依法合规、规范管理的前提下，统筹财政资金和社会资本等各类资金，保障在建项目续建和收尾。对于已签合同贷款额不能满足建设需要，且适宜采取政府和社会资本合作模式的融资平台公司在建项目，优先采取政府和社会资本合作模式，弥补在建项目增量融资需求。对于已签合同贷款额不能满足建设需要，且符合国家有关规定并确实没有其他建设资金来源，但又暂时不宜转为政府和社会资本合作模式的融资平台公司在建项目，增量融资需求纳入政府预算管理，由地方政府按法律要求和有关规定发行政府债券解决。对地方政府按法律要求和有关规定发行政府债券解决的在建项目后续融资，在保障财政支出需要的前提下，对于有相应政府债券发行额度，且本地区国库库款余额超过一个半月库款支付保障水平

续表

时间	相关政策内容
2015年5月15日	的地区，允许地方财政部门在政府债券发行额度内，加大盘活以前年度存量财政资金力度，利用超出部分的国库库款用于政府债券发行之前的资金周转，以解决在建项目融资与政府债券发行之间的时间差问题。地方财政部门在动用国库库款用于资金周转前，须报经本级人民政府批准，并抄送同级人大有关机构和有关单位。地方财政部门在完成政府债券发行之后，要及时将资金全部收回国库
2015年5月25日	国家发改委下发《国家发展改革委办公厅关于充分发挥企业债券融资功能支持重点项目建设促进经济平稳较快发展的通知》。《通知》提出：担保措施方面，将城投类企业需提供担保措施的资产负债率要求放宽至65%；主体评级AA+的，相应资产负债率要求放宽至70%；主体评级AAA的，相应资产负债率要求进一步放宽至75%。净利润指标测算方面，对符合条件的企业发行债券，可按照“净利润”和“归属于母公司股东净利润”孰高者测算净利润指标。将债券募集资金占项目总投资比例放宽至不超过70%。政府性债务方面，将本区域企业发行企业债券、中期票据等余额一般不超过上年度GDP8%的预警线提高到12%
2015年11月30日	国家发改委发布《关于简化企业债券审报程序加强风险防范和改革监管方式的意见》，进一步放松了企业债发行条件。《意见》提出：发债企业数量指标方面，债项级别为AA及以上的发债主体（含县域企业），不受发债企业数量指标的限制。资金使用方面，支持企业利用不超过发债规模40%的债券资金补充营运资金；支持债券资金用于项目前期建设，闲置的部分债券资金可用于保本投资、补充营运资金或符合国家产业政策的其他用途。允许债券资金按程序变更用途。但对用于保障性住房项目建设的债券资金，确需变更用途的，应由省级发展改革部门征求省级住建部门意见后，由发行人召开债券持有人大会审议通过方可实施。空壳型地方政府融资平台发债方面，对不具备自我偿债能力的空壳型地方政府融资平台的发债申请不予受理。对连续多次发债及区域城投公司发债较多的，要加强诚信考核和信息披露，强化风险监测控制。严禁政府担保或变相担保行为
2015年12月21日	财政部发布《关于对地方政府债务实行限额管理的实施意见》。《意见》要求：要合理确定地方政府债务总限额。对地方政府债务余额实行限额管理。年度地方政府债务限额等于上年地方政府债务限额加上当年新增债务限额（或减去当年调减债务限额），具体分为一般债务限额和专项债务限额。各省、自治区、直辖市政府债务限额，由财政部在全国人大或其常委会批准的总限额内，根据债务风险、财力状况等因素并统筹考虑国家宏观调控政

续表

时间	相关政策内容
2015 年 12 月 21 日	策、各地区建设投资需求等提出方案，报国务院批准后下达各省级财政部门。省级财政部门在批准的地方政府债务限额内，统筹考虑地方政府负有偿还责任的中央转贷外债情况，合理安排地方政府债券的品种、结构、期限和时点，做好政府债券的发行兑付工作。中央和省级财政部门每半年向本级人大有关专门委员会书面报告地方政府债券发行和兑付等情况。地方政府要将其所有政府债务纳入限额，并分类纳入预算管理。地方各级政府要主动接受本级人大和社会监督，定期向社会公开政府债务限额、举借、使用、偿还等情况。地方政府举债要遵循市场化原则，强化市场约束。审计部门要依法加强债务审计监督，财政部门要加大对地方政府违规举债及债务风险的监控力度。要将政府债务管理作为硬指标纳入政绩考核，强化对地方政府领导干部的考核。对甄别后纳入预算管理的地方政府存量债务，属于公益性项目债务的，由地方政府统筹安排包括债券资金在内的预算资金偿还，必要时可以处置政府资产；属于非公益性项目债务的，由举借债务的部门和单位通过压减预算支出等措施偿还，暂时难以压减的可用财政资金先行垫付，并在以后年度部门和单位预算中扣回。取消融资平台公司的政府融资职能，推动有经营收益和现金流的融资平台公司市场化转型改制，通过政府和社会资本合作（PPP）、政府购买服务等措施予以支持
2016 年 10 月 27 日	国务院办公厅印发《地方政府性债务风险应急处置预案的通知》。《通知》进一步加强了地方政府性债务的管理：权责划分，省级政府对本地区政府性债务风险应急处置总负责；区分了政府债务风险事件和或有债务风险事件；将地方债分为地方政府债和非地方政府形式的存量债务、存量或有债务，地方政府承担不同程度的偿还责任；定义了债务风险事件级别并设置了相应的应急响应和保障措施
2016 年 12 月 14 日	财政部发布《地方政府性债务风险应急处置指南》，进一步细化了地方政府性债务处置规则，将地方政府性债务严格分为 6 类：地方政府债券、银行贷款、BT 类债务、企业债券类业务（即城投债）、信托类债务和个人借款类债务
2017 年 5 月 12 日	财政部和发改委、司法部、人民银行、银监会、证监会等部门联合下发《关于进一步规范地方政府举债融资行为的通知》。《通知》强调：各省级政府要认真落实国务院办公厅印发的《地方政府性债务风险应急处置预案》要求，抓紧设立政府性债务管理领导小组，指导督促本级各部门和市县政府进一步完善风险防范机制，结合 2016 年开展的融资平台公司债务等统计情况，尽快组织一次地方政府及其部门融资担保行为摸底排查，督促相关部门、

续表

时间	相关政策内容
2017 年 5 月 12 日	市县政府加强与社会资本方的平等协商，依法完善合同条款，分类妥善处置，全面改正地方政府不规范的融资担保行为。上述工作应当于 2017 年 7 月 31 日前清理整改到位，对逾期不改正或改正不到位的相关部门、市县政府，省级政府性债务管理领导小组应当提请省级政府依法依规追究相关责任人的责任。财政部驻各地财政监察专员办事处要密切跟踪地方工作进展，发现问题及时报告。地方政府及其所属部门不得干预融资平台公司日常运营和市场化融资。进一步健全信息披露机制，融资平台公司在境内外举债融资时，应当向债权人主动书面声明不承担政府融资职能，并明确自 2015 年 1 月 1 日起其新增债务依法不属于地方政府债务。金融机构为融资平台公司等企业提供融资时，不得要求或接受地方政府及其所属部门以担保函、承诺函、安慰函等任何形式提供担保。健全规范的地方政府举债融资机制，地方政府举债一律采取在国务院批准的限额内发行地方政府债券方式，除此以外地方政府及其所属部门不得以任何方式举借债务。地方政府及其所属部门不得以文件、会议纪要、领导批示等任何形式，要求或决定企业为政府举债或变相为政府举债。允许地方政府结合财力可能设立或参股担保公司（含各类融资担保基金公司），构建市场化运作的融资担保体系，鼓励政府出资的担保公司依法依规提供融资担保服务，地方政府依法在出资范围内对担保公司承担责任。县级以上地方各级政府应当重点公开本地区政府债务限额和余额，以及本级政府债务的规模、种类、利率、期限、还本付息、用途等内容。省级财政部门应当参考国债发行做法，提前公布地方政府债务发行计划
2018 年 3 月 8 日	中共中央办公厅印发了《关于人大预算审查监督重点向支出预算和政策拓展的指导意见》。《意见》提出：要硬化地方政府预算约束，坚决制止无序举债搞建设，规范举债融资行为。结合地方政府债务规模、全国经济发展水平等情况，合理评估全国政府债务风险水平。地方政府债务审查监督要重点审查地方政府债务纳入预算管理的情况；要根据各地的债务率、利息负担率、新增债务率等风险评估指标体系，结合债务资金安排使用和偿还计划，评价地方政府举债规模的合理性。积极稳妥化解累积的地方政府债务风险，坚决遏制隐性债务增量，决不允许新增各类隐性债务
2018 年 3 月 30 日	财政部发布《关于规范金融企业对地方政府和国有企业投融资行为有关问题的通知》。《通知》指出：国有金融企业应严格落实《中华人民共和国预算法》和《国务院关于加强地方政府性债务管理的意见》（国发〔2014〕43 号）等要求，除购买地方政府债券外，不得直接或通过地方国有企事业单位等间接渠道为地方政府及其部门提供任何形式的融资，不得违规新增地方政府融资平

续表

时间	相关政策内容
2018 年 3 月 30 日	台公司贷款。不得要求地方政府违法违规提供担保或承担偿债责任。不得提供债务性资金作为地方建设项目、政府投资基金或政府和社会资本合作（PPP）项目资本金
2018 年 7 月 23 日	国务院常务会议，强调有效保障在建项目资金需求。督促地方盘活财政存量资金，引导金融机构按照市场化原则保障融资平台公司合理融资需求，对必要的在建项目要避免资金断供、工程烂尾

资料来源：国务院、财政部、人民银行、国家发改委、方正证券。

从品种上看，城投债主要分为企业债、公司债、中期票据、短期融资券、超短期融资券和定向工具等。表 3－15 展示了 2018 年 1～6 月城投债发行情况。可以看出，从数量和规模上看，中期票据和超短期票据是最受欢迎的品种。相比于 2017 年上半年，2018 年上半年企业债券数量上增长了，规模上却下降了。公司债券数量上同比增长了 84.21%，规模上同比增长了 101.23%。中期票据数量上同比增长了 110.06%，规模上同比增长了 138.10%。短期融资券数量上同比只增加了 10.26%，规模上同比只增加了 12.82%。超短期融资券则数量上同比增加了 87.64%，规模上同比增加了 80.89%。从数据可看出，城投债发行结构短期化的现象比较明显。

表 3－15　2018 年 1～6 月城投债发行情况

债券品种	18 年 1～6 月数量/只	17 年 1～6 月数量/只	同比	18 年 1～6 月规模/亿元	17 年 1～6 月规模/亿元	同比
企业债券	97	88	10.23%	828.20	847.20	－2.24%
公司债券	70	38	84.21%	810.40	402.72	101.23%
非公开发行公司债券	98	122	－19.67%	797.48	1027.35	－22.38%
中期票据	334	159	110.06%	3408.90	1431.70	138.10%
短期融资券	86	78	10.26%	700.60	621.00	12.82%
超短期融资券	334	178	87.64%	2952.10	1632.00	80.89%

续表

债券品种	18年1~6月数量/只	17年1~6月数量/只	同比	18年1~6月规模/亿元	17年1~6月规模/亿元	同比
定向工具	224	171	30.99%	1481.87	1146.00	29.31%
项目收益票据	0	3	-100%	0	10.50	-100%
合计	1243	837	48.51%	10979.55	7118.47	54.24%

数据来源：鹏元评级。

城投债按地方政府投融资平台的类型划分，也可以分为省级、地市级和县级城投债。表3-16展示了2017年县级以上的城投债统计数据。

表3-16　2017年县级以上城投债统计

地区	发行只数	发行只数占比/%	发行金额/亿元	发行金额占比/%
吉林（信用债）	25	1.1	245.5	1.25
辽源（信用债）	2	0.09	4	0.02
长春（信用债）	17	0.75	202	1.03
吉林市（信用债）	3	0.13	31.5	0.16
延边朝鲜族自治州（信用债）	3	0.13	8	0.04
珲春（信用债）	1	0.04	4	0.02
河南（信用债）	85	3.75	758.4	3.87
郑州（信用债）	45	1.98	460.5	2.35
新郑（信用债）	3	0.13	30	0.15
新密（信用债）	7	0.31	27.5	0.14
巩义（信用债）	1	0.04	10	0.05
洛阳（信用债）	6	0.26	40	0.2
许昌（信用债）	5	0.22	51.3	0.26
长葛（信用债）	1	0.04	13.3	0.07

续表

地区	发行只数	发行只数占比/%	发行金额/亿元	发行金额占比/%
驻马店（信用债）	5	0.22	38	0.19
济源（信用债）	2	0.09	15	0.08
新乡（信用债）	1	0.04	4	0.02
鹤壁（信用债）	1	0.04	5	0.03
濮阳（信用债）	2	0.09	23.5	0.12
商丘（信用债）	2	0.09	10	0.05
开封（信用债）	4	0.18	26	0.13
平顶山（信用债）	4	0.18	21.2	0.11
周口（信用债）	2	0.09	14	0.07
焦作（信用债）	3	0.13	19.9	0.1
漯河（信用债）	1	0.04	10	0.05
安阳（信用债）	2	0.09	20	0.1
福建（信用债）	90	3.97	664.5	3.39
漳州（信用债）	15	0.66	152	0.78
福州（信用债）	25	1.1	172	0.88
福清（信用债）	2	0.09	8	0.04
厦门（信用债）	30	1.32	225	1.15
三明（信用债）	2	0.09	18	0.09
泉州（信用债）	7	0.31	53	0.27
晋江（信用债）	6	0.26	45	0.23
南平（信用债）	4	0.18	22	0.11
龙岩（信用债）	6	0.26	17.5	0.09
宁德（信用债）	1	0.04	5	0.03
四川（信用债）	127	5.6	1135.28	5.79
巴中（信用债）	5	0.22	35	0.18

续表

地区	发行只数	发行只数占比/%	发行金额/亿元	发行金额占比/%
成都（信用债）	67	2.95	720.1	3.67
崇州（信用债）	1	0.04	13	0.07
都江堰（信用债）	1	0.04	6	0.03
绵阳（信用债）	6	0.26	66.98	0.34
广安（信用债）	3	0.13	17.3	0.09
眉山（信用债）	3	0.13	26.8	0.14
乐山（信用债）	2	0.09	17	0.09
峨眉山（信用债）	1	0.04	5	0.03
遂宁（信用债）	10	0.44	53	0.27
泸州（信用债）	13	0.57	95.4	0.49
达州（信用债）	2	0.09	11	0.06
内江（信用债）	3	0.13	20	0.1
凉山彝族自治州（信用债）	1	0.04	12	0.06
西昌（信用债）	1	0.04	12	0.06
南充（信用债）	3	0.13	14	0.07
广元（信用债）	4	0.18	15	0.08
攀枝花（信用债）	1	0.04	4.7	0.02
德阳（信用债）	1	0.04	5	0.03
自贡（信用债）	2	0.09	16	0.08
雅安（信用债）	1	0.04	6	0.03
江苏（信用债）	581	25.61	4322.14	22.05
苏州（信用债）	71	3.13	488.32	2.49
常熟（信用债）	9	0.4	50.22	0.26
昆山（信用债）	8	0.35	70.6	0.36
太仓（信用债）	14	0.62	44	0.22

续表

地区	发行只数	发行只数占比/%	发行金额/亿元	发行金额占比/%
张家港（信用债）	9	0.4	72	0.37
宿迁（信用债）	19	0.84	143.87	0.73
徐州（信用债）	32	1.41	232.6	1.19
新沂（信用债）	4	0.18	44.9	0.23
邳州（信用债）	6	0.26	39.7	0.2
镇江（信用债）	42	1.85	365.2	1.86
丹阳（信用债）	5	0.22	50	0.26
句容（信用债）	2	0.09	15	0.08
扬中（信用债）	3	0.13	31.7	0.16
无锡（信用债）	43	1.9	371.5	1.9
宜兴（信用债）	6	0.26	30.5	0.16
江阴（信用债）	9	0.4	84	0.43
南通（信用债）	46	2.03	319	1.63
如皋（信用债）	6	0.26	41.2	0.21
启东（信用债）	2	0.09	25	0.13
南京（信用债）	87	3.83	748.5	3.82
常州（信用债）	67	2.95	447.35	2.28
溧阳（信用债）	6	0.26	40	0.2
连云港（信用债）	38	1.67	211	1.08
泰州（信用债）	33	1.45	245.1	1.25
靖江（信用债）	8	0.35	44.7	0.23
兴化（信用债）	1	0.04	10	0.05
淮安（信用债）	33	1.45	252	1.29
扬州（信用债）	26	1.15	171	0.87
仪征（信用债）	2	0.09	17	0.09

续表

地区	发行只数	发行只数占比/%	发行金额/亿元	发行金额占比/%
高邮（信用债）	1	0.04	6	0.03
盐城（信用债）	44	1.94	326.7	1.67
浙江（信用债）	146	6.43	1257.70	6.42
杭州（信用债）	27	1.19	220.9	1.13
建德（信用债）	2	0.09	20	0.1
金华（信用债）	10	0.44	182.2	0.93
义乌（信用债）	9	0.4	172.2	0.88
嘉兴（信用债）	14	0.62	111	0.57
海宁（信用债）	4	0.18	37	0.19
桐乡（信用债）	1	0.04	6	0.03
舟山（信用债）	10	0.44	71.5	0.36
绍兴（信用债）	26	1.15	275	1.4
诸暨（信用债）	2	0.09	23	0.12
嵊州（信用债）	1	0.04	17	0.09
温州（信用债）	9	0.4	56.2	0.29
乐清（信用债）	2	0.09	14	0.07
台州（信用债）	7	0.31	44.5	0.23
温岭（信用债）	1	0.04	8	0.04
湖州（信用债）	18	0.79	151.5	0.77
丽水（信用债）	2	0.09	15	0.08
宁波（信用债）	20	0.88	117.9	0.6
余姚（信用债）	5	0.22	25	0.13
慈溪（信用债）	2	0.09	19.5	0.1
奉化（信用债）	1	0.04	2	0.01
衢州（信用债）	3	0.13	12	0.06

续表

地区	发行只数	发行只数占比/%	发行金额/亿元	发行金额占比/%
安徽（信用债）	105	4.63	919	4.69
合肥（信用债）	18	0.79	183	0.93
马鞍山（信用债）	12	0.53	70	0.36
宣城（信用债）	6	0.26	61	0.31
宁国（信用债）	1	0.04	11	0.06
阜阳（信用债）	5	0.22	46	0.23
蚌埠（信用债）	12	0.53	92.6	0.47
亳州（信用债）	6	0.26	63	0.32
淮南（信用债）	10	0.44	77.5	0.4
安庆（信用债）	7	0.31	59.5	0.3
桐城（信用债）	1	0.04	4	0.02
滁州（信用债）	9	0.4	73	0.37
宿州（信用债）	3	0.13	32	0.16
铜陵（信用债）	3	0.13	30	0.15
池州（信用债）	1	0.04	6.5	0.03
淮北（信用债）	3	0.13	12	0.06
六安（信用债）	3	0.13	36.9	0.19
芜湖（信用债）	6	0.26	74	0.38
黄山（信用债）	1	0.04	2	0.01
山东（信用债）	83	3.66	720	3.67
德州（信用债）	2	0.09	6.85	0.03
青岛（信用债）	16	0.71	173.4	0.88
莱西（信用债）	2	0.09	8.1	0.04
胶州（信用债）	1	0.04	17	0.09
即墨（信用债）	2	0.09	22	0.11

续表

地区	发行只数	发行只数占比/%	发行金额/亿元	发行金额占比/%
潍坊（信用债）	17	0.75	122.5	0.63
高密（信用债）	1	0.04	5	0.03
青州（信用债）	2	0.09	20	0.1
寿光（信用债）	2	0.09	11.5	0.06
诸城（信用债）	1	0.04	15	0.08
安丘（信用债）	1	0.04	10	0.05
济南（信用债）	19	0.84	203	1.04
济宁（信用债）	15	0.66	94.1	0.48
邹城（信用债）	1	0.04	2.8	0.01
临沂（信用债）	1	0.04	7.7	0.04
威海（信用债）	4	0.18	53.1	0.27
淄博（信用债）	6	0.26	45	0.23
聊城（信用债）	2	0.09	4.35	0.02
枣庄（信用债）	1	0.04	10	0.05
滕州（信用债）	1	0.04	10	0.05
甘肃（信用债）	13	0.57	104	0.53
平凉（信用债）	1	0.04	10	0.05
兰州（信用债）	9	0.4	84	0.43
张掖（信用债）	1	0.04	3.5	0.02
武威（信用债）	1	0.04	3.5	0.02
白银（信用债）	1	0.04	3	0.02
湖南（信用债）	181	7.98	1402.25	7.15
湘潭（信用债）	20	0.88	136	0.69
湘乡（信用债）	4	0.18	29.5	0.15
怀化（信用债）	15	0.66	84.9	0.43

续表

地区	发行只数	发行只数占比/%	发行金额/亿元	发行金额占比/%
株洲（信用债）	25	1.1	189.7	0.97
醴陵（信用债）	1	0.04	11.2	0.06
邵阳（信用债）	11	0.48	106.5	0.54
湘西土家族苗族自治州（信用债）	3	0.13	22	0.11
吉首（信用债）	2	0.09	14	0.07
郴州（信用债）	12	0.53	99.2	0.51
资兴（信用债）	4	0.18	27	0.14
长沙（信用债）	47	2.07	433.9	2.21
浏阳（信用债）	6	0.26	45	0.23
常德（信用债）	10	0.44	104.8	0.53
永州（信用债）	5	0.22	26.8	0.14
岳阳（信用债）	14	0.62	88.9	0.45
临湘（信用债）	2	0.09	8.2	0.04
张家界（信用债）	1	0.04	10	0.05
衡阳（信用债）	10	0.44	80.3	0.41
益阳（信用债）	5	0.22	10.75	0.05
娄底（信用债）	3	0.13	8.5	0.04
贵州（信用债）	49	2.16	452.98	2.31
黔东南苗族侗族自治州（信用债）	4	0.18	29	0.15
凯里（信用债）	4	0.18	29	0.15
毕节（信用债）	4	0.18	39.3	0.2
贵阳（信用债）	14	0.62	168.3	0.86
遵义（信用债）	9	0.4	66.88	0.34
仁怀（信用债）	1	0.04	10	0.05
六盘水（信用债）	7	0.31	61	0.31

续表

地区	发行只数	发行只数占比/%	发行金额/亿元	发行金额占比/%
安顺（信用债）	4	0.18	44.5	0.23
黔西南布依族苗族自治州（信用债）	2	0.09	9	0.05
兴义（信用债）	1	0.04	1	0.01
黔南布依族苗族自治州（信用债）	4	0.18	32	0.16
都匀（信用债）	1	0.04	7	0.04
铜仁（信用债）	1	0.04	3	0.02
湖北（信用债）	102	4.5	915	4.67
武汉（信用债）	47	2.07	467.7	2.39
襄阳（信用债）	8	0.35	89.7	0.46
老河口（信用债）	1	0.04	10.4	0.05
宜昌（信用债）	10	0.44	79.7	0.41
枝江（信用债）	1	0.04	4.2	0.02
荆门（信用债）	5	0.22	38	0.19
钟祥（信用债）	1	0.04	8	0.04
咸宁（信用债）	4	0.18	29.5	0.15
十堰（信用债）	1	0.04	9	0.05
黄冈（信用债）	4	0.18	30	0.15
荆州（信用债）	9	0.4	65.1	0.33
石首（信用债）	1	0.04	8.6	0.04
松滋（信用债）	1	0.04	10	0.05
洪湖（信用债）	1	0.04	6.4	0.03
孝感（信用债）	5	0.22	37.4	0.19
应城（信用债）	1	0.04	12	0.06
黄石（信用债）	4	0.18	40	0.2
随州（信用债）	4	0.18	18.9	0.1

续表

地区	发行只数	发行只数占比/%	发行金额/亿元	发行金额占比/%
广水（信用债）	1	0.04	8	0.04
鄂州（信用债）	1	0.04	10	0.05
河北（信用债）	28	1.23	226	1.15
张家口（信用债）	3	0.13	21	0.11
沧州（信用债）	3	0.13	18	0.09
任丘（信用债）	1	0.04	10	0.05
邯郸（信用债）	7	0.31	42	0.21
石家庄（信用债）	12	0.53	120	0.61
唐山（信用债）	2	0.09	20	0.1
秦皇岛（信用债）	1	0.04	5	0.03
重庆（信用债）	100	4.41	715.75	3.65
重庆市（信用债）	100	4.41	715.75	3.65
广东（信用债）	73	3.22	942.2	4.81
广州（信用债）	26	1.15	324.2	1.65
梅州（信用债）	1	0.04	5	0.03
兴宁（信用债）	1	0.04	5	0.03
深圳（信用债）	17	0.75	305	1.56
珠海（信用债）	14	0.62	199	1.02
中山（信用债）	5	0.22	37	0.19
江门（信用债）	3	0.13	14	0.07
清远（信用债）	1	0.04	8	0.04
湛江（信用债）	2	0.09	15	0.08
东莞（信用债）	2	0.09	18	0.09
汕尾（信用债）	1	0.04	11	0.06
佛山（信用债）	1	0.04	6	0.03

续表

地区	发行只数	发行只数占比/%	发行金额/亿元	发行金额占比/%
云南（信用债）	67	2.95	640.05	3.27
昆明（信用债）	62	2.73	604.05	3.08
安宁（信用债）	1	0.04	2	0.01
保山（信用债）	2	0.09	10	0.05
曲靖（信用债）	1	0.04	10	0.05
红河哈尼族彝族自治州（信用债）	2	0.09	16	0.08
蒙自（信用债）	2	0.09	16	0.08
天津（信用债）	62	2.73	694	3.54
天津市（信用债）	62	2.73	694	3.54
新疆维吾尔自治区（信用债）	50	2.2	373.2	1.9
石河子（信用债）	6	0.26	47	0.24
巴音郭楞蒙古自治州（信用债）	1	0.04	16	0.08
库尔勒（信用债）	1	0.04	16	0.08
阿拉尔（信用债）	2	0.09	9	0.05
乌鲁木齐（信用债）	26	1.15	190.5	0.97
伊犁哈萨克自治州（信用债）	9	0.4	53	0.27
奎屯（信用债）	3	0.13	13	0.07
昌吉回族自治州（信用债）	1	0.04	20	0.1
哈密（信用债）	1	0.04	13.6	0.07
阿克苏地区（信用债）	2	0.09	13.1	0.07
阿勒泰地区（信用债）	1	0.04	6	0.03
阿勒泰市（信用债）	1	0.04	6	0.03
北京（信用债）	56	2.47	847.55	4.32
北京市（信用债）	56	2.47	847.55	4.32
陕西（信用债）	50	2.2	583.9	2.98

续表

地区	发行只数	发行只数占比/%	发行金额/亿元	发行金额占比/%
西安（信用债）	34	1.5	446.4	2.28
宝鸡（信用债）	3	0.13	24	0.12
咸阳（信用债）	5	0.22	44.5	0.23
渭南（信用债）	3	0.13	20	0.1
商洛（信用债）	1	0.04	5	0.03
延安（信用债）	1	0.04	10	0.05
榆林（信用债）	3	0.13	34	0.17
辽宁（信用债）	17	0.75	118.2	0.6
营口（信用债）	4	0.18	25	0.13
大石桥（信用债）	2	0.09	11	0.06
本溪（信用债）	3	0.13	12	0.06
大连（信用债）	4	0.18	35	0.18
瓦房店（信用债）	3	0.13	10	0.05
铁岭（信用债）	2	0.09	6	0.03
沈阳（信用债）	3	0.13	34.2	0.17
锦州（信用债）	1	0.04	6	0.03
广西壮族自治区（信用债）	61	2.69	446.1	2.28
钦州（信用债）	7	0.31	46	0.23
南宁（信用债）	35	1.54	281	1.43
柳州（信用债）	13	0.57	97	0.49
北海（信用债）	3	0.13	14	0.07
来宾（信用债）	2	0.09	8	0.04
河池（信用债）	1	0.04	0.1	0
江西（信用债）	39	1.72	422.1	2.15
抚州（信用债）	3	0.13	24.3	0.12

续表

地区	发行只数	发行只数占比/%	发行金额/亿元	发行金额占比/%
萍乡（信用债）	4	0.18	43.8	0.22
上饶（信用债）	3	0.13	30	0.15
南昌（信用债）	16	0.71	219	1.12
进贤（信用债）	1	0.04	12	0.06
赣州（信用债）	3	0.13	30	0.15
九江（信用债）	4	0.18	36	0.18
新余（信用债）	1	0.04	6	0.03
景德镇（信用债）	3	0.13	18	0.09
宜春（信用债）	1	0.04	5	0.03
吉安（信用债）	1	0.04	10	0.05
黑龙江（信用债）	18	0.79	132.1	0.67
牡丹江（信用债）	4	0.18	33.1	0.17
齐齐哈尔（信用债）	1	0.04	20	0.1
大庆（信用债）	5	0.22	44	0.22
哈尔滨（信用债）	6	0.26	26	0.13
绥化（信用债）	1	0.04	5	0.03
肇东（信用债）	1	0.04	5	0.03
鹤岗（信用债）	1	0.04	4	0.02
上海（信用债）	17	0.75	133	0.68
上海市（信用债）	17	0.75	133	0.68
山西（信用债）	17	0.75	202	1.03
太原（信用债）	14	0.62	178	0.91
晋中（信用债）	1	0.04	8	0.04
运城（信用债）	2	0.09	16	0.08
内蒙古自治区（信用债）	18	0.79	152.82	0.78

续表

地区	发行只数	发行只数占比/%	发行金额/亿元	发行金额占比/%
包头（信用债）	2	0.09	30	0.15
呼和浩特（信用债）	10	0.44	87	0.44
赤峰（信用债）	3	0.13	15	0.08
鄂尔多斯（信用债）	2	0.09	13.32	0.07
通辽（信用债）	1	0.04	7.5	0.04
青海（信用债）	5	0.22	38.8	0.2
西宁（信用债）	5	0.22	38.8	0.2
西藏自治区（信用债）	1	0.04	10	0.05
拉萨（信用债）	1	0.04	10	0.05
宁夏回族自治区（信用债）	3	0.13	25	0.13
银川（信用债）	3	0.13	25	0.13
合计	2269	100	19599.52	100

数据来源：wind。

图3－26显示了2017年各省份城投债发行只数。从图3－26可知，2017年发行城投债只数位居前三的分别是江苏、湖南和浙江。其中，江苏发行的城投债数量远超其他省份。图3－27显示的是2017年各省份城投债发行规模。发行规模位居前三的依然是江苏、湖南和浙江。江苏的发行规模远超其他省份。除此之外，四川、湖北和广东等省份发行规模也较大。

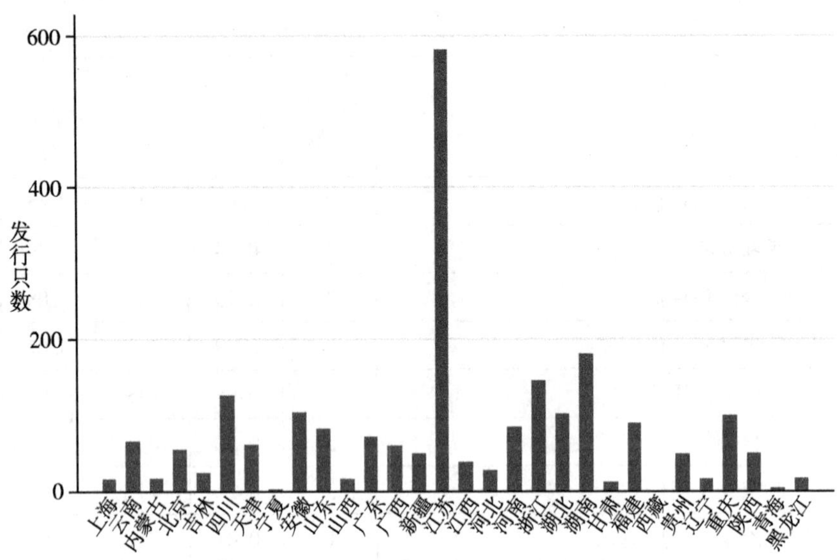

图 3－26　2017 年各省份发行城投债只数

数据来源：wind。

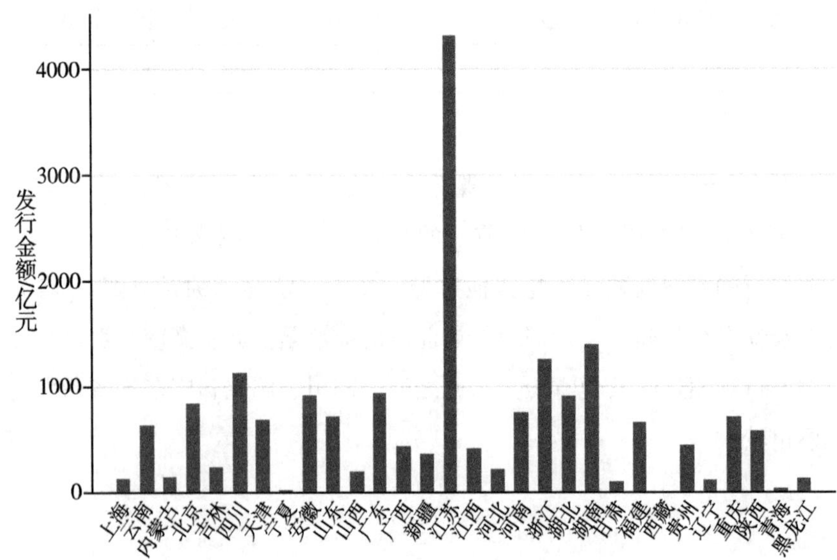

图 3－27　2017 年各省份发行城投债规模/亿元

数据来源：wind。

信用评级是另一个区分城投债的维度。城投债的信用等级按最高到最低可分为 AAA、AA +、AA、AA -、A +、A、A -7 个等级。表 3 -17显示了 2006—2013 年的企业债券评级分布。从表 3 -17 可知，2006—2013 年所有城投债的信用等级都在 A + 以上。信用等级在 AA 的城投债最多，占比为 59.34%。信用等级为 AA + 的城投债占比为 31.91%。信用等级在 AA - 的城投债最少，只有 2.36%。

表 3 -17　企业债券评级分布（2006—2013）

年份	AAA	AA +	AA	AA -	A +	A	A -	合计
2006	6	0	0	0	0	0	0	6
2007	11	0	0	0	0	0	0	11
2008	1	4	5	0	0	0	0	10
2009	10	37	28	1	0	0	0	76
2010	2	32	37	2	0	0	0	73
2011	3	33	68	9	0	0	0	113
2012	9	85	213	7	0	0	0	314
2013	12	79	151	1	0	0	0	243
合计	54	270	502	20	0	0	0	846
比重	6.38	31.91	59.34	2.36	0	0	0	100

数据来源：钟辉勇，钟宁桦，朱小能．城投债的担保可信吗？—来自债券评级和发行定价的证据［J］．金融研究，2016，4。

（三）土地融资决策的理论模型

这一部分建立一个地方政府的动态最优化决策模型，来研究地方政府基础设施建设的土地融资模式选择问题。其中，土地价格由需求方决定，设定为外生给定。[①] 给定地方政府的其他收入，地方政府选择土地

① 我们也可以引入土地的需求方，比如设定土地需求受到土地价格、收入和人口等因素影响，但引入后也不会改变模型的主要经济机制。

融资模式，并将所有收入用于基础设施投资。地方政府具有“理性人”的特征，其目标函数为所辖地区产出最大化。

地方政府进行如下三期决策。在第 0 期，地方政府对取得土地使用权的土地进行储存或前期的开发整理，以便以后提供建设用地；第 1 期，地方政府通过土地出让或者土地抵押两种方式获取资金收入，用于基础设施建设；第 2 期，地方政府将抵押或者剩余的全部土地出让获得资金收入，并偿还第 1 期的抵押贷款。地方政府最大化辖区的产出：

$$Y = A_0G_1^{\alpha} + \beta_1A_1G_1^{\alpha} + \beta_2A_2G_2^{\alpha} \tag{3-1}$$

其中，G_i（$i=0, 1, 2$）代表第 i 期地方政府的基础设施投资，$A_i>0$ 为常数，$\alpha>0$ 代表基础设施投资的产出弹性，β_1 和 β_2 分别是地方政府的时间偏好因子。

第 0 期，地方政府拥有其他收入 T，储备计划供应建设用地的总量为 (X_1+X_2)。储备土地需要付出一定的成本，假设成本函数为线性函数：

$$vP\ (X_1+X_2)$$

其中，$0<v<1$，P 为第 1 期土地的价格。

第 1 期，地方政府出让土地 X_1 获得土地出让金 PX_1。剩下的土地 X_2 中地方政府选择 Z 进行抵押，获得贷款 ηPZ，其中 η（$0<\eta<1$）为抵押贷款率。政府将出让土地和抵押贷款获得的收入全部用于当期的基础设施建设 G_1。

第 2 期，土地价格增长 γ，地方政府把土地 X_2 全部出让，获得土地出让收入为 $(1+\gamma)PX_2$。地方政府把收入的一部分用于还清贷款 $(1+r)\eta PZ$，其中 r 为抵押贷款的利率，剩余部分用于当期的基础设施建设 G_2。

地方政府的问题可以写成：

$$\max Y = A_0G_0^{\alpha} + \beta_1A_1G_1^{\alpha} + \beta_2A_2G_2^{\alpha}$$

$$\text{s.t.} \quad G_0 = T - vP\ (X_1+X_2) \tag{3-2}$$

$$G_1 = PX_1 + \eta PZ \tag{3-3}$$

$$G_2 = (1+\gamma) PX_2 - (1+r) \eta PZ \tag{3-4}$$

$$Z \leqslant X_2 \tag{3-5}$$

求解上述问题，可知地方政府第1期是否抵押土地，取决于土地价格增长率和抵押贷款利率之间的关系。如果 $\gamma < r$，即土地价格增速低于抵押贷款利率，那么 $Z = 0$，地方政府在第1期不会抵押土地；如果 $\gamma \geq r$，即土地价格增速高于抵押贷款利率，则 $Z = X_2$，地方政府会把将在第2期出让的土地全部在第1期进行抵押。

在第二种情形下，式（3－5）为紧约束：$Z = X_2$。此时地方政府的最优化决策满足：

$$vA_0G_0^{\alpha-1} = \beta_1A_1G_1^{\alpha-1} \tag{3-6}$$

$$vA_0G_0^{\alpha-1} = \beta_2A_2G_2^{\alpha-1} (1+\gamma) \tag{3-7}$$

我们令 $\Omega_1 = \left(\frac{\beta_1A_1}{vA_0}\right)^{\frac{1}{1-\alpha}}$ 和 $\Omega_2 = \left(\frac{\beta_2A_2}{vA_0}\right)^{\frac{1}{1-\alpha}}$，（3－2）—（3－7）式共同解得最优的 X_1^* 和 X_2^*：

$$X_2^* = \frac{T}{P} \cdot \frac{1}{\frac{v\Omega_1+1}{\Omega_2} \cdot \frac{(1+\gamma) - (1+r)\eta}{(1+\gamma)^{\frac{1}{1-\alpha}}} + (1-\eta)v} \tag{3-8}$$

$$X_1^* = \frac{T}{P} \cdot \frac{\Omega_1}{v\Omega_1+1} - \frac{v\Omega_1+\eta}{v\Omega_1+1}X_2^* \tag{3-9}$$

可以看到，土地出让和土地抵押的数量取决于土地价格增速 γ。通过对 γ 进行比较静态分析，得到：

如果 $1+\gamma > \frac{\eta}{\alpha}(1+r)$，那么 $\frac{\partial X_2^*}{\partial \gamma} > 0$，$\frac{\partial G_2^*}{\partial \gamma} > 0$

也就是说，当土地价格增速高于某一水平时，土地价格上涨得越快，地方政府用于抵押的土地数量越多，基础设施投资也越高。这是因为，地方政府抵押土地可以享有未来土地的增值收入。虽然出让土地可以一次性获得出让收入，但是土地使用权已移交给买方，无法从高速增长的地价中享受收益。因此，当土地价格增长率足够高时，土地价格上涨得越快，地方政府越倾向通过土地抵押的融资方式获得资金，在之后土地价格水平较高时把抵押的土地进行出让，从而可以从快速增长的土地价格中获得更高的出让收入，由此基础设施投资水平也更高。

（四）实证策略

1. 计量模型

本节的经验研究试图探究，土地价格增长率是否决定了地方政府的融资方式选择。我们使用中国现实的地市级土地价格数据，对前文的理论模型的结论进行实证检验，首先设定如下的计量模型：

$$Chengtou\_PC_{it} = \gamma_0 + \gamma_1 Lpriceg_{it} + \alpha_1 gdpg_{it} + \alpha_2 popg_{it} + X_{it-1}\beta + \mu_i + \lambda_t + \varepsilon_{it} \quad (3-10)$$

其中，i 代表城市，t 代表年。$Chengtou_PC_{it}$为人均城投债发行额，是被解释变量。$Lpriceg_{it}$为土地价格的增长率，此处用对数差分的形式表示，为计量模型的核心解释变量。我们区分了综合用地、住宅用地、商业用地和工业用地 4 种不同类型的土地。$popg_{it}$和 $gdpg_{it}$分别为人口增长率和 GDP 增长率。X_{it-1}是一组控制变量，由滞后一期（t－1）的数值度量，包括土地价格（Lprice）、人均实际 GDP（GDP_ PC）、外商实际投资（FDI）、财政收支压力（Deficit）和第二产业比重（Second）。除此以外，我们还控制了地级市的固定效应 μ_i 及年份固定效应 λ_t。ε_{it}为随机干扰项。

值得说明的是，由于无法获得地级市层面用于抵押的土地数量，并且模型中假设土地的价格 P 和其他参数为外生给定，这里检验土地价格增长率与抵押融资规模之间的关系和检验土地价格增长率与土地抵押数量之间的关系无本质区别。模型中待估计的参数为 γ_1，如果 γ_1 显著为正则证实了当土地价格增长率越高时，地方政府倾向于多抵押土地，通过土地金融的融资方式获取资金。

为了考察土地价格增长率和基础设施投资之间的关系，我们设定如下固定效应面板数据模型：

$$Infra\_\ PC_{it} = \gamma_0 + \gamma_1 Lpriceg_{it} + \alpha_1 gdpg_{it} + \alpha_2 popg_{it} + X_{it-1}\beta + \mu_i + \lambda_t + \varepsilon_{it} \quad (3-11)$$

其中，i 代表城市，t 代表年。$Infra\_\ PC_{it}$ 为人均基础设施投资额，是被解释变量。其他变量的设定与式（3－10）相同。我们关心核心解释变量土地价格增长率 $Lpriceg_{it}$ 的系数，土地价格增长率越高的城市，基础设施建设投资是否越多。

2. 数据

银行贷款和城投债是地方政府总债务的主要组成部分。据审计署2013 年发布的《全国政府性债务审计结果》，城投平台形成的债务大约占地方政府债务总额的 45% 左右。然而，投融资平台并不需要披露财务信息，因此包括银行贷款在内的地方政府总债务水平无法识别。我们以城投债作为地方政府债务的替代变量，主要出于以下两方面考虑：

第一，城投债作为地方政府发行的债券，是地方土地金融的一个重要组成部分，构成了地方政府还款义务的下限。

第二，城投债和银行贷款都是地方政府的债务，这两种融资方式的决策主体和还债义务主体相同，因此具有一定的相关性，我们可以借助城投债的数据来评估地方政府土地金融情况。不少研究也是把城投债作为地方政府债务的替代变量（罗党论和佘国满，2015；庞保庆和陈硕，2015）。

城投债发行数据来源于 wind 数据库，包含了地级市层面[①]的投融资平台公司在债券市场发行的企业债、公司债、中期票据、短期融资券、私募债等债券。我们整理了城投债的发债规模、发行利率、债券期限和信用评级情况。在式（3－10）和（3－11）进行实证分析时，按照地级市对城投债规模加总。

土地出让价格数据来源于《国土资源统计年鉴》，包含了中国 100

① 剔除省级投融资平台。省级投融资平台一般由省级政府建立，主要负责全省的基础设施建设，因此我们并没有包括省级城投公司发行的城投债。

个地级市 2008—2013 年综合用地、住宅用地、商业用地和工业用地价格。按照前文模型，我们考虑第二种情形，即存在土地抵押时，土地价格增长率的影响。100 个城市中，廊坊市和北海市在样本期间内从未发行过城投债，将其剔除，最后包含 98 个地级市。基础设施建设的数据来源于《中国城市建设统计年鉴》，其他城市层面的经济数据来源于《中国城市统计年鉴》。具体的变量描述见表 3 - 18。

表 3 - 18　主要变量名和定义

	符号	变量定义
城市层面变量	Chengtou_PC	人均城投债发行额（对数值）
	Infra_PC	人均基础设施投资额（对数值）
	Lpriceg_Z	综合用地土地价格增长率，用对数差分的形式表示
	Lpriceg_R	住宅用地土地价格增长率，用对数差分的形式表示
	Lpriceg_C	商业用地土地价格增长率，用对数差分的形式表示
	Lpriceg_I	工业用地土地价格增长率，用对数差分的形式表示
	Lprice_Z	综合用地土地价格（对数值）
	Lprice_R	住宅用地土地价格（对数值）
	Lprice_C	商业用地土地价格（对数值）
	Lprice_I	工业用地土地价格（对数值）
	Popg	人口增长率，用对数差分的形式表示
	GDPg	GDP 增长率，用对数差分的形式表示
	GDP_PC	人均实际 GDP（对数值）
	FDI	实际利用外资（对数值）
	Deficit	财政收支压力，财政支出与财政收入的差值/财政收入
	Second	第二产业比重/%
债券层面变量	Rel_rate	城投债相对利率，用城投债发行利率减去同期限的国债利率衡量/%
	Issuescale	城投债发行规模的对数
	Term	城投债债券期限（单位：年）
	Rank	城投债债券评级

表3－19给出了变量的统计性描述。综合用地、住宅用地和商业用地的价格高于工业用地，住宅用地的土地价格增长率最高（7.13%），商业用地次之（6.55%），然后为综合用地（6.25%），工业用地的价格增长率最低（2.65%）。这说明了我国不同类型的土地市场是分割的，工业用地往往被地方政府作为招商引资的工具，无论是价格还是价格增长率都低于其他类型的土地。人口增长率的均值为0.00835，标准差为0.0334，最小值和最大值是－0.154和0.518说明某些城市的人口已经处于负增长状态。GDP增长率的均值为0.142，标准差为0.0605，最小值是－0.113和最大值是0.403。人均实际GDP的均值分别为9.564，标准差为0.666，最小值和最大值是7.970和11.84。财政收支压力的均值为0.878，标准差为1.040，说明平均来说，财政支出与财政收入的差值占财政收入的比例为87.8%。财政收支压力的最小值和最大值分别为－0.351和7.752，说明一些城市的财政收支压力比较大。第二产业比重的均值为51.11%，标准差为9.056%，最小值为20.80%，最大值为85.08%，这说明第二产业依然在产业结构中占据着重要位置。此外，城投债相对利率的均值为1.659%，即平均来说，城投债的发行利率要比同期限的国债利率高1.659%。城投债发行规模的对数的均值为5.075，标准差为2.999，最小值为0.247，最大值为20。城投债债券期限的均值为2.254年，标准差为0.621年，最小值和最大值分别为0.336年和4.605年，这说明了城投债主要以中短期限为主。

表3－19　主要变量的统计性描述

	变量名	Obs	均值	标准差	最小值	最大值
城市层面变量	Chengtou_PC	338	5.360	0.811	2.312	7.334
	Infra_PC	573	6.677	1.270	2.426	10.94
	Lpriceg_Z	500	0.0625	0.169	－1.317	1.522
	Lpriceg_R	500	0.0713	0.177	－1.225	1.545
	Lpriceg_C	500	0.0655	0.209	－1.382	2.063

续表

	变量名	Obs	均值	标准差	最小值	最大值
城市层面变量	Lpriceg_I	500	0.0265	0.104	-1.125	1.005
	Lprice_Z	600	7.307	0.765	5.505	9.971
	Lprice_R	600	7.543	0.824	5.268	10.39
	Lprice_C	600	7.979	0.768	6.100	10.52
	Lprice_I	600	6.106	0.400	5.136	7.923
	Popg	600	0.00835	0.0334	-0.154	0.518
	GDPg	600	0.142	0.0605	-0.113	0.403
	GDP_PC	600	9.564	0.666	7.970	11.84
	Deficit	600	0.878	1.040	-0.351	7.752
	Second	600	51.11	9.056	20.80	85.08
债券层面变量	Rel_rate	2102	1.659	1.064	-4.280	5.750
	Issuescale	2102	5.075	2.999	0.247	20
	Term	2102	2.254	0.621	0.336	4.605
	Rank	2071	5.216	1.270	1	9

（五）回归结果

1. 基准回归结果

表3－20给出了不同类型土地价格增长率对人均城投债发行额影响的回归结果。可以发现，综合用地、住宅用地和商业用地土地价格增长率的估计系数都为正，且在1%的统计性水平上显著。以第（2）列为例，当住宅用地土地价格增长率上升1%，人均城投债发行额增加0.49%。然而，工业用地价格增长率的估计系数接近0，并不显著。我国的土地市场是分割的，在市场化改革之前，工业用地大多数采用协议的方式出让。即便在市场化改革之后，工业用地价格无论是水平值还是增长率都远远低于其他类型的土地。相比较而言，综合用地、住宅用地和商住用地的出让价格基本以“招拍挂”的市场化方式出让，可以反

映土地的实际价值。地方政府土地金融的活动主要依赖综合和商住用地的土地价格，这也和以往的文献结论一致。

控制变量中，土地价格的估计系数均为正，但是并不显著。这里体现了土地作为地方政府资产价格上升的“财富效应”。当土地价格上升时，抵押土地的价值增加，能够提高地方政府的融资能力，人均城投债发行额上升。人口增长率的估计系数为负，表明与人均城投债发行额呈现负相关的关系。人均 GDP 的估计系数在 10% 的统计性水平上显著为正，反映了经济实力雄厚的城市具备更强的发债融资能力，更能扩大城市基础设施投资规模。这些结果都符合我们的预期。

表 3－20　土地价格增长率对人均城投债发行额的影响

	(1)	(2)	(3)	(4)
	Chengtou_PC	Chengtou_PC	Chengtou_PC	Chengtou_PC
Lpriceg_Z	0.50***			
	(0.18)			
Lpriceg_R		0.49***		
		(0.18)		
Lpriceg_C			0.42***	
			(0.16)	
Lpriceg_I				0.00
				(0.36)
Lprice_Z	0.25			
	(0.23)			
Lprice_R		0.19		
		(0.29)		
Lprice_C			0.28	
			(0.18)	

续表

	(1)	(2)	(3)	(4)
	Chengtou_PC	Chengtou_PC	Chengtou_PC	Chengtou_PC
Lprice_I				0.00
				(0.46)
Popg	-1.93**	-1.97***	-2.04***	-1.70*
	(0.76)	(0.73)	(0.73)	(0.94)
Gdpg	0.85	0.82	0.81	1.09
	(0.91)	(0.93)	(0.89)	(0.88)
GDP_PC	1.37*	1.40*	1.37*	1.49*
	(0.76)	(0.76)	(0.76)	(0.77)
FDI	-0.06	-0.06	-0.06	-0.07
	(0.15)	(0.15)	(0.15)	(0.15)
Deficit	0.08	0.08	0.09	0.10
	(0.12)	(0.12)	(0.13)	(0.14)
Second	-0.01	-0.01	-0.01	-0.01
	(0.02)	(0.02)	(0.02)	(0.02)
Constant	-18.16**	-17.99**	-18.50**	-17.47**
	(7.08)	(7.22)	(7.12)	(8.02)
个体效应	Yes	Yes	Yes	Yes
年份效应	Yes	Yes	Yes	Yes
Observations	319	319	319	319
R-squared	0.076	0.077	0.077	0.054
城市的个数	98	98	98	98

注：() 内为聚类到地级市的标准误，*、*、***分别表示在10%、5%和1%的统计性水平上显著。

基于模型（3-11），土地价格增长率对人均基础设施投资的影响如表3-21所示。只有住宅用地和商业用地价格增长率的估计系数在

10%水平上显著为正，这两种类型的土地价格增长率对城市的人均基础设施投资具有正向影响。第（2）列以住宅用地价格增长率为核心解释变量时，土地价格增长率每上升1%，人均基础设施投资会提高0.36%。第（3）列以商业用地价格增长率为核心解释变量时，土地价格增长率每上升1%，人均基础设施投资会提高0.31%。从一定程度上验证了模型的结论，土地价格上涨越快的城市，地方政府通过土地金融获取越多的融资收入，对基础设施建设起到了促进作用。然而，综合用地和工业用地价格增长率的估计系数在10%的统计性水平上并不显著。

其他控制变量方面，GDP增长率和人均GDP的估计系数显著为正，表明经济越发达、增长速度越快的城市，其基础设施投资越多；人口增长率对人均基础设施投资具有显著的负向影响。

表3－21　土地价格增长率对人均基础设施投资的影响

VARIABLES	(1)	(2)	(3)	(4)
	Infra_PC	Infra_PC	Infra_PC	Infra_PC
Lpriceg_Z	0.33			
	(0.22)			
Lpriceg_R		0.36*		
		(0.21)		
Lpriceg_C			0.31*	
			(0.18)	
Lpriceg_I				-0.12
				(0.45)
Lprice_Z	0.17			
	(0.20)			
Lprice_R		0.20		
		(0.21)		

续表

VARIABLES	(1) Infra_PC	(2) Infra_PC	(3) Infra_PC	(4) Infra_PC
Lprice_C			0. 22	
			(0. 18)	
price_I				-0. 73
				(0. 54)
Constant	-35. 42***	-35. 79***	-35. 74***	-30. 18***
	(8. 15)	(8. 16)	(8. 15)	(8. 71)
个体效应	Yes	Yes	Yes	Yes
年份效应	Yes	Yes	Yes	Yes
Observations	310	310	310	310
R - squared	0. 171	0. 174	0. 174	0. 172
城市的个数	94	94	94	94

注：其他控制变量的选取与表 3 - 20 一致，篇幅所限，仅列出与土地价格相关的变量估计结果；( ) 内为聚类到地级市的标准误；*、*、***分别表示在 10%、5% 和 1% 的统计性水平上显著。

由于我国各地区的禀赋存在差异，不同地区的城市在债券市场上获得资金的难易程度有所不同。土地价格的影响在不同地区也会存在差别。为了考察地区的异质性，我们把样本的城市区分东部、中部和西部城市。其中，东部城市有 48 个，占样本的比例接近一半，中部城市 36 个，而西部城市仅有 14 个。

表 3 - 22 的 Panel 1、Panel 2 和 Panel 3 分别汇报了东部、中部和西部城市的结果。由于工业用地的价格并不能反映土地的实际价值，与其他类型的土地存在较大差异，地方政府抵押土地获得贷款的评估标准主要基于非工业用地，前文的结果也证实了这一点。因此，在本部分我们

不再涉及工业用地价格的结果①。

土地价格增长率对地方政府城投债融资规模的影响在东部城市最大，且估计系数都在5%的统计显著性水平上为正。住宅用地价格增长率的影响最大，第（2）列中住宅用地价格增长率的估计系数为0.6，表明住宅用地价格增长1%，人均城投债规模上升0.6%。在中部和西部的城市子样本中，土地价格增长率的影响效果中部次之，西部最弱，然而估计系数并不显著。

表3-22　分地区的回归结果

被解释变量：Chengtou_PC			
Panel 1 东部	(1)	(2)	(3)
Lpriceg_Z	0.48***		
	(0.15)		
Lprice_Z	0.69***		
	(0.24)		
Lpriceg_R		0.60**	
		(0.22)	
Lprice_R		0.77***	
		(0.26)	
Lpriceg_C			0.37**
			(0.16)
Lprice_C			0.70***
			(0.23)
Observations	162	162	162
R-squared	0.138	0.141	0.135
城市的个数	48	48	48

① 事实上，与前文一致，工业用地的价格增长率的估计系数在本部分所有的回归中都不显著。为了节省篇幅，未把工业用地的价格和增长率纳入本部分的结果中。

续表

被解释变量：Chengtou_PC			
Panel 2 中部	(4)	(5)	(6)
Lpriceg_Z	0. 81		
	(0. 54)		
Lprice_Z	0. 05		
	(0. 40)		
Lpriceg_R		0. 43	
		(0. 42)	
Lprice_R		0. 30	
		(0. 52)	
Lpriceg_C			0. 51
			(0. 54)
Lprice_C			-0. 17
			(0. 40)
Observations	100	100	100
R - squared	0. 233	0. 211	0. 220
城市的个数	36	36	36
Panel 3 西部	(7)	(8)	(9)
Lpriceg_Z	0. 35		
	(0. 34)		
Lprice_Z	-0. 06		
	(0. 32)		
Lpriceg_R		0. 31	
		(0. 31)	
Lprice_R		-0. 19	
		(0. 37)	

续表

被解释变量：Chengtou_PC			
Lpriceg_C			0.32
			(0.27)
Lprice_C			0.10
			(0.23)
Observations	57	57	57
R - squared	0.149	0.168	0.142
城市的个数	14	14	14

注：其他控制变量的选取与前文一致，篇幅所限，仅列出与土地价格相关的变量估计结果，() 内为聚类到地级市的标准误；*、*、***分别表示在10%、5%和1%的统计性水平上显著。

除了按照城市划分外，我们还按照城市等级进行子样本回归，以考察城市间的差异。根据统计局的标准，将样本中的城市分为一二线城市和三四线城市两个子样本①，结果如表3-23所示。不难发现，土地价格增长率对地方政府城投债融资规模的影响在一二线城市更大，且估计系数都在1%的统计显著性水平上为正。综合用地价格增长率的影响最大，其次是住宅用地，最后是商业用地。而在三四线城市中，不同类型的土地价格增长率的估计系数都不显著。这个结果与前文按东中部城市的回归结果基本一致。

① 样本中一二线城市包括中山市、临沂市、佛山市、包头市、南京市、南宁市、南昌市、南通市、厦门市、合肥市、呼和浩特市、哈尔滨市、嘉兴市、大庆市、大连市、太原市、宁波市、常州市、广州市、徐州市、成都市、扬州市、无锡市、昆明市、杭州市、武汉市、沈阳市、泉州市、洛阳市、济南市、深圳市、温州市、潍坊市、烟台市、珠海市、石家庄市、福州市、苏州市、西安市、贵阳市、郑州市、长春市、长沙市和青岛市，其他城市为三四线城市（样本中不含五线城市）。

表 3－23 分城市等级的回归结果

被解释变量：Chengtou_PC			
Panel 1 一二线城市	(1)	(2)	(3)
Lpriceg_Z	0. 51***		
	(0. 15)		
Lprice_Z	0. 13		
	(0. 20)		
Lpriceg_R		0. 48***	
	(0. 14)		
Lprice_R		0. 03	
	(0. 26)		
Lpriceg_C			0. 39***
	(0. 11)		
Lprice_C			0. 18
	(0. 17)		
Observations	190	190	190
R－squared	0. 096	0. 098	0. 089
城市的个数	45	45	45
Panel 2 三四线城市	(4)	(5)	(6)
Lpriceg_Z	0. 67		
	(1. 34)		
Lprice_Z	1. 63		
	(1. 00)		
Lpriceg_R		0. 67	
	(1. 35)		
Lprice_R		1. 92*	
	(1. 01)		

续表

被解释变量：Chengtou_PC			
Lpriceg_C			0.21
	(1.14)		
Lprice_C			1.11*
	(0.63)		
Observations	116	116	116
R - squared	0.262	0.277	0.256
城市的个数	45	45	45

注：其他控制变量的选取与前文一致，篇幅所限，仅列出与土地价格相关的变量估计结果；() 内为聚类到地级市的标准误；*、*、***分别表示在 10%、5%和 1%的统计性水平上显著。

2. 土地价格增长率与融资成本

在前文理论模型中，我们假设地方政府抵押土地获得的贷款利率为外生，即为外生给定，讨论当土地价格增长率高于贷款利率时，地方政府的融资模式选择。然而，当贷款利率内生，与土地价格增长率呈现负相关关系时，即$\frac{\partial r}{\partial \gamma}<0$，那么土地价格增长率上升，一方面，降低地方政府的融资成本，$1+\gamma>\frac{\eta}{\alpha}(1+r)$的条件更容易满足；另一方面，增加地方政府抵押土地的数量，进一步扩大地方政府土地金融的规模。

为了考察地方政府抵押贷款利率和土地价格增长率之间的关系，探究抵押贷款的利率是否内生，我们利用债券层面的数据开展实证检验，构造如下的混合截面 OLS 模型：

$$rel\_rate_{ijt}=\alpha_0+\alpha_1 Lpriceg_{jt}+X_{jt-1}\beta+\Gamma_{it}\gamma+u_j+\lambda_t+\varepsilon_{it} \qquad (3-12)$$

其中，下标 i 代表债券，j 代表城市，t 代表年份。被解释变量 Rel_rate_{ijt}为城投债的相对利率，用城投债发行利率减去同期限的国债利率衡量。与前文一致，$Lpriceg_{jt}$为土地价格增长率。X_{it-1}为城市层面的控制变量，用滞后一期（t－1）衡量，包括人均 GDP 对数值（GDP_ PC），用于衡量城市的经济发达程度；财政收支压力（Deficit），用于衡量城市的财政压力。Γ_{it}为债券层面的控制变量，包括债券发行规模对数（Issuescale）、债券的期限（Term）、债券评级的虚拟变量。

表3－24汇报了基于模型（3－12）的回归结果，从第（1）～（3）列可以发现，综合用地、住宅用地和商业用地的土地价格增长率估计系数大约为－0.38，均在1%的统计性水平上显著；土地价格的估计系数也在1%的统计性水平上显著为负。这个结果证实了我们的猜想，地方政府通过抵押土地融资的实际成本并不是外生的，而是受到土地价格的影响。在土地价格越高、增长越快的城市，发行城投债的相对利率越低。

在债券特征的控制变量方面，债券期限长的债券，不确定性更强，发债利率更高；债券的发行规模对发债的边际成本并无影响；评级较高的城投债的债券利率更低①。在城市层面控制变量方面，人均 GDP 的估计系数为正，表明经济越发达的地区融资成本越高；财政压力越大的城市，发债的相对利率越高。这些结果都与预期相符。

表3－24　土地价格增长率与城投债实际利率

	(1)	(2)	(3)
	Rel_rate	Rel_rate	Rel_rate
Lpriceg_Z	-0.37***		
	(0.12)		
Lprice_Z	-0.22***		
	(0.04)		
Lpriceg_R		-0.38***	
		(0.12)	

① 共有7个评级，6个虚拟变量，由于篇幅所限，未在表中显示。

续表

	(1)	(2)	(3)
	Rel_rate	Rel_ratc	Rel_rate
Lprice_R		-0.20***	
		(0.04)	
Lpriceg_C			-0.38***
			(0.13)
Lprice_C			-0.23***
			(0.04)
GDP_PC	0.16**	0.13*	0.15**
	(0.08)	(0.08)	(0.07)
Deficit	0.30***	0.29***	0.30***
	(0.08)	(0.08)	(0.08)
Term	0.02**	0.02**	0.02**
	(0.01)	(0.01)	(0.01)
Issuescale	-0.00	-0.00	-0.00
	(0.03)	(0.03)	(0.03)
Constant	4.78***	4.91***	5.07***
	(0.79)	(0.77)	(0.76)
债券评级	控制	控制	控制
省份效应	控制	控制	控制
年份效应	控制	控制	控制
Observations	1478	1478	1478
R-squared	0.353	0.352	0.354

注：（）内为聚类到地级市的标准误，*、**、***分别表示在10%、5%和1%的统计性水平上显著。

三、本章总结

地方政府以土地开发、出让为中心促进地区经济增长的模式受到学界和社会各界的关注。本章通过构建跨期选择理论模型研究了地方政府融资模式的选择，并从实证上验证了模型的主要结论。

对于地方政府融资模式的选择，本章的结果表明若土地价格上涨得越快，相对于出让土地的融资方式，地方政府越倾向用土地抵押获得资金，投入到基础设施建设中。土地价格上涨得越慢，地方政府对土地进行抵押贷款的依赖程度越低，更倾向于直接出让土地。我们利用2008—2013年地级市的相关数据展开实证研究，结果支持了模型的基本结论，土地价格增长率对人均城投债发行额具有正向影响，拉动了基础设施投资。进一步的研究还发现，东部城市土地价格的影响最大，中部次之，西部最弱。此外，地方政府的抵押土地的融资成本并非是外生，受到土地价格增长率的影响，土地价格增长率越高的城市，发行城投债的实际利率越低。

同时，本章的结果对防范土地价格变动带来的地方政府债务风险和系统性金融风险也有重要意义。第一，完善地方政府发债机制。允许地方政府直接发债，从一定程度上降低对土地的依赖程度，有效替代土地抵押的融资方式。地方政府可以通过发行基础设施建设项目的专项债券，并披露投资规模、计划、潜在风险评估等信息，由专业机构出具相关的财务审计及信用评级报告，降低政府债务风险。第二，发挥PPP模式在基础设施投资建设中的作用。地方政府可以在PPP模式中通过和民营企业合作共享基础设施建设项目的收益，分担相应的风险，减轻地方政府在基础设施建设项目上的债务负担。第三，改进地方官员的考核评价体系。加大民生类的指标在地方官员考核标准中的权重，弱化具有直接经济增长效应的指标，有利于转变地方政府依赖土地财政和土地金融建设城市、谋求经济增长的发展模式。

第四章　总　结

一、主要结论

中国40年来的经济增长奇迹离不开政府的“援助之手”。相比于中央政府，地方政府掌握了本地辖区更多的信息，能据此做出更好的资源配置决策，实现社会福利最大化。

教育、医疗卫生和社会保障等公共服务能造福全体社会公民，是经济发展的重要保障。公共服务的支出责任一般由地方政府承担，地方政府根据手中的财政资源自主决定财政支出的规模和结构。本书第二章从此入手，结合公共产品等基础性理论，利用“省直管县”改革和农业税费改革两次外生性实验，探讨了体制改革和财政压力对地方政府公共服务供给行为的影响。本书的分析表明，当地方政府所受的财政压力越大时，其公共教育供给会越少，且这种负向效果会随着时间的推移逐渐增大，长期效果更为明显。而从财政上缩减政府层级，缓解县级政府的资金困难，可以增加地方政府的公共教育供给。但是这种效果只体现在短期。如果要从长期根本解决公共教育供给不足的问题，改善城乡教育资源分配不均衡的问题，需要进一步深化改革，建立权责一致、分工合理的政府管理体制，激发区域经济社会发展的内生动力，充分发挥地方政府决策自主权和要素资源优化配置的优势。

地方政府的土地经营行为是本书第三章所关注的重点。在我国，城市建设用地归国家所有，而农业用地则归集体所有，集体用地要进入市场必须先经国家批准转化为城市建设用地。我国的土地制度安排实际上为地方政府的土地供给行为奠定了制度基础。随着分税制以来地方政府财权的缩小和事权的扩大，利用土地资源来开辟新的财源已经成为地方政府的一种选择。一方面，地方政府可以利用“土地财政”进行融资，即依靠出让土地获得财政收入。另一方面，地方政府可以通过设立各种土地储备中心和投融资平台利用土地作为抵押品向银行贷款，这种方式可以称为“土地金融”。第三章从财税激励两方面讨论了地方政府“土地财政”和“土地金融”两种行为。实证结果表明，财税激励导致地方政府会对土地价格的变化做出反应。若土地价格上涨得越快，相对于出让土地的融资方式，地方政府更倾向用土地抵押获得资金，投入到基础设施建设中。土地价格上涨得越慢，地方政府对土地进行抵押贷款的依赖程度越低，更倾向于直接出让土地。

二、政策建议

本书回顾了公共产品等理论，梳理了我国财政体制改革、城镇化和土地制度的历史演变，通过建立模型和经验数据分析了地方政府的经济行为机制。基于主要结论，我们提出以下政策建议。

（一）完善中央和地方政府的财政关系

从现状来看，目前大部分的公共服务支出责任仍落在地方政府肩上。以公共教育为例，我国目前实行的是“以县为主”的教育财政体制，基础教育投入基本上归县级政府承担，因此当县级政府的财政压力很大时，教育投入会呈现地区不均衡的情况。从第三章的研究结果可知，“省直管县”改革对公共教育供给有明显的促进作用。通过财政上缩减政府层级，缓解县级政府的资金困难，有利于增加公共教育供给。因此，需要完善中央和地方政府的财政关系，合理划分政府间教育支出责任，调整教育财政支出主体结构，强化中央政府和省级政府在教育财政支出中的责任，建立权责一致、分工合理的政府管理体制。以教育为例，要将“以县为主”改为“省级统筹”，将省级政府作为连接地方和中央的桥梁，中央通过转移支付等方式将教育财政经费下发到省级政府，由省级政府承担更多的地方教育支出，将教育投入在全省范围内进行合理分配，减少省内地区间的教育不均衡现象，促进地区间经济的协调发展，提高教育的公平和效率。此外，还应根据地区经济发展水平实行投入主体的责任差别制，对于经济发达的地区，采取“以县为主”以其他为辅的体制，经济发展一般的地区，采用省、市、县共同分担，而对于经济发展落后的地区，要以省、市为主，以县为辅的教育投入体制。省级政府根据各地不同的发展水平，制订相应的教育投入计划，可以减轻县级政府的财政压力，减少教育地区不均衡，提高教育投入效率。

转移支付是指中央政府和省级政府对于下级政府的转移支付，肩负确保公共服务投入充足的任务，还承担着平衡地区公共服务发展的责任。一般来说，转移支付有两种政策工具：一是平衡地方财力的一般性转移支付，二是有一定政策目的的专项转移支付。中央政府可以设计一套合理的客观拨款公式来缩小公共服务投入的地区差异。一是测算一个全国平均水平的公共服务投入指标，对于低于该指标的贫困地区，可以采用专项转移支付的形式加大公共服务投入，提高公共服务水平。二是根据地区之间的自然条件、经济发展水平和公共服务需求水平差异，来确定各地的转移支付额度。三是可以运用科学的方法确立最低的转移支付标准和公共服务财政投入，绩效管理以绩效来确定拨款数额。当然，转移支付中要强化省级财政公共服务的统筹，省级政府对于自己辖区各地方的情况比较熟悉，在进行转移支付时可以更好地分配资源，避免因县级财政能力不足导致农村地区公共服务经费不足，区域公共服务发展失衡等问题。

值得一提的是，2018 年 2 月 8 日，国务院办公厅印发《基本公共服务领域中央与地方共同财政事权和支出责任划分改革方案》，将义务教育、学生资助、基本就业服务、基本养老保险、基本医疗保障、基本卫生计生、基本生活救助、基本住房保障八大类 18 个基本公共服务事项，首先纳入中央与地方共同财政事权范围，由中央与地方共同承担支出责任，具体比例因地制宜。财政体制改革已势在必行。

（二）改进地方政府激励和绩效考核机制

研究表明，由于政府的财政支出结构中存在生产性支出偏向，即政府会内在地使财政政策偏向基础设施建设等生产性支出。为了获得基础设施建设的财政资金，地方政府转向依靠土地资源进行融资，“土地财政”和“土地金融”由此而来。

因此，应建立科学的激励方法，减少向短期具有增长效应的基建项目大量投入，加大教育等民生项目投入。从考核指标方面，改为从经济发展、资源环境、社会福利、人民生活等方面选取不同的指标，进行综合素质的测评。为鼓励地方政府加大教育等项目投入，可以增加对民生类指标（如教育）的考核。这样可以改善民生性公共服务供给不足的情况。同时，从考核时间的角度看，考核体系可以打破地区和时间的限制，官员的考核应不以任期的到期而结束，应采取更加合理的考核方式，还可以适当延长官员的任期。党的十八大以来，在改进地方政府激励和绩效考核机制方面，取得了较大的进步。精准脱贫和污染防治等目标的提出，表明地方政府的激励和绩效考核体系更加关注扶贫及环保等与民众生活息息相关的内容。2019 年 3 月，十三届全国人大二次会议表明，从 2019 年开始，国家统计局将对各个省区市的地区生产总值进行统一核算，停止对各个地区生产总值总量和速度进行排名的做法，探索编制全国资产负债表、全国和各个省区市的自然资源资产负债表。这些做法表明政府正在努力完善考核评价机制，推动树立正确政绩观。

（三）进一步深化农村土地制度改革

1982 年修订的《中华人民共和国宪法》和 1986 年出台的第一部《中华人民共和国土地管理法》（以下简称《土地管理法》）以法律的形式明确了城市土地属于国家所有，而农村和城市郊区的土地属于集体所有的城乡二元分割的土地制度。国家为了公共利益的需要，可以依照法律规定对土地实行征用，而其他组织或者个人不得侵占、买卖、出租或者以其他形式非法转让土地。1998 年，第二次修订的《土地管理法》又提出了农地转为建设用地，必须实行征地；从事非农建设，必须使用国有土地的决定。由于中央政府只负责土地规划的总体把控，这实际上赋予了地方政府在土地一级市场的管理者地位。我国的土地制度安排在一定时期内促进了工业化和城镇化的快速发展，推动了经济增长，但也造成了土地市场分割，加剧了城乡差异。

因此，要深化农村土地制度改革，缩小城乡差距，提高农民的获得感，需要建立城乡统一的建设用地市场，允许农民集体用地进入工业、住宅用地市场，这样既能使被征地的农民分享工业化和城市化带来的土地增值收益，提高农民的生活水平，又能保障新型城镇化的用地需求，加快土地配置权市场化的进程。2018 年 12 月，《土地管理法修正案（草案）》提请十三届全国人大常委会第七次会议进行初次审议，草案删去了现行《土地管理法》中关于非农用地必须使用国有土地的规定。2019 年 2 月，国务院发布了《关于坚持农业农村优先发展做好“三农”工作的若干意见》，提出全面推开农村土地征收制度改革和农村集体经营性建设用地入市改革，加快建立城乡统一的建设用地市场。这些文件的出台表明允许农村集体土地入市已是大势所趋。

（四）改变地方政府对土地融资的依赖

1994 年分税制改革以来，地方政府有较大的财政压力。为了应对财政压力，各级政府把目光移向了土地资源，依靠土地进行融资。“土地财政”和“土地金融”等融资方式虽然缓解了财政压力，但可持续性在下降。因此，要降低地方政府对土地融资的依赖，解决土地融资带来的问题，可以探索推行房产税制度。房产税作为地方未来的重要税种，可以使地方政府从辖区土地增长和土地交易中获得税收收入，从而减少对一次性的土地出让金或者土地借贷的依赖。此外，房产税还具有调节财富分配，抑制房地产行业过度投机等作用。2019 年《政府工作报告》提出，要健全地方税体系，稳步推进房地产税立法。这是自 2013 年中央提出对房地产税进行立法后，房地产税第三次进入《政府工作报告》。可见，稳步推进房地产税是政府下一步的重点工作。房地产税的征收可以弥补部分财政缺口，减少地方政府财政压力。

（五）防范土地融资带来的隐性债务和金融风险

第四章的分析表明，在土地出让收益日益下降和土地价格不断上涨的情况下，地方政府会更倾向于利用土地资源进行抵押融资。因此，要防范土地融资带来的隐性债务和金融风险。具体来说，需要完善地方政府发债机制，允许地方政府直接发债，可以从一定程度上降低对土地的依赖程度，有效替代土地抵押的融资方式。地方政府可以通过发行基础设施建设项目的专项债券，并披露投资规模、计划、潜在风险评估等信息，由专业机构出具相关的财务审计及信用评级报告，降低政府债务风险。此外，还可以进一步发挥 PPP 等新型公共基础设施融资模式的作用。PPP 模式是指在公共服务领域，政府采取竞争性方式选择具有投资、运营管理能力的社会资本，双方按照平等协商原则订立合同，由社会资本提供公共服务，政府依据公共服务绩效评价结果向社会资本支付对价。这是公共基础设施中的一种新型项目运作模式。地方政府可以在 PPP 模式中通过与民营企业合作共享基础设施建设项目的收益，分担相应的风险，从而减轻地方政府在基础设施建设项目上的债务负担。

三、研究展望

本书对地方政府行为机制的分析虽然对于理论研究和实际应用都有重要的价值和意义，但是仍然存在着不足之处，还有一些重要的相关因素没有考虑。因此，还有待于进一步的拓展和分析。

第一，探讨政府间财政关系如何影响地方政府的公共服务供给是一个十分重要的问题。本书利用“省直管县”改革对其进行了一些探讨，但由于数据可得性的原因，目前我们讨论的只是此项改革的短期影响，还无法很好地讨论其长期影响。关于“省直管县”改革对教育资源分配不均衡影响的讨论较为初步，这显然还是不够的。今后在数据更为完善的时候可以做进一步的研究。

第二，我们考虑财政压力的度量时，利用的是农村税费改革这个外生的自然实验。由于《全国地市县财政统计资料》只有 2007 年以前的县级数据，我们的时间跨度也只在 2000—2007 年这 8 年之间。今后在数据可获得的情况下，可以拓展计量分析的数据样本期间，进一步验证本书的主要结论。

第三，讨论土地融资的时候，由于没有确切的土地抵押和政府债务的数据，会对结果造成一定的影响。

总的来说，今后可以从上述几方面来进行深入细致的探索，在理论和实证方面做进一步的研究。

参考文献

[1] 白重恩，冀东星．交通基础设施与出口：来自中国国道主干线的证据［J］．世界经济，2018，(1)．

[2] 才国伟，黄亮雄．政府层级改革的影响因素及其经济绩效研究［J］．管理世界，2010，(8)．

[3] 曹春方，马连福，沈小秀．财政压力、晋升压力、官员任期与地方国企过度投资［J］．经济学（季刊)，2014，(4)．

[4] 陈思霞，许文立，张领祎．财政压力与地方经济增长——来自中国所得税分享改革的政策实验［J］．财贸经济，2017，(4)．

[5] 陈晓光．财政压力、税收征管与地区不平等［J］．中国社会科学，2016，(4)．

[6] 陈雨露，郭庆旺．新中国财政金融制度变迁事件解读［M］．北京：中国人民大学出版社，2013.

[7] 代谦，别朝霞．财政压力的经济后果：以宋朝的“靖康之变”为例［J］．世界经济，2015，(1)．

[8] 董晓芳，刘逸凡．交通基础设施建设能带动县域经济发展么？——基于2004—2013年国家级高速公路建设和县级经济面板数据的分析［J］．南开经济研究，2018，(4)．

[9] 范欣，宋冬林，赵新宇．基础设施建设打破了国内市场分割吗？［J］．经济研究，2017，(2)．

[10] 范子英．土地财政的根源：财政压力还是投资冲动［J］．中国工业经济，2015，(6)．

[11] 葛扬，岑树田．中国基础设施超常规发展的土地支持研究［J］．经济研究，2017，(2)．

[12] 古志辉，蔡方．中国1978—2002年的财政压力与经济转轨：理论与实证［J］．管理世界，2005，(7)．

[13] 何炜，雷根强．财政压力、税收转移与增值税分成机制探索[J]．财贸经济，2018，(8)．

[14] 胡书东．经济发展中的中央与地方关系［M］．上海：上海人民出版社，2001.

[15] 贾俊雪，张永杰，郭婧．"省直管县"财政体制改革、县域经济增长与财政解困［J］．中国软科学，2013，(6)．

[16] 金戈．中国基础设施资本存量估算［J］．经济研究，2012，(4)．

[17] 雷潇雨，龚六堂．基于土地出让的工业化与城镇化［J］．管理世界，2014，(9)．

[18] 李猛．"省直管县"能否促进中国经济平稳较快增长？——理论模型和绩效评价［J］．金融研究，2012，(1)．

[19] 李睿，梁超．财政压力、信贷市场化和所有制结构［J］．财经问题研究，2015，(3)．

[20] 林毅夫．制度、技术与中国农业发展［M］．上海：格致出版社，2008.

[21] 刘佳，马亮，吴建南．省直管县改革与县级政府财政解困——基于6省面板数据的实证研究［J］．公共管理学报，2011，(3)．

[22] 刘建勇，董晴，王玲慧．财政压力、融资平台举债与上市公司委托贷款流向［J］．经济体制改革，2015，(2)．

[23] 刘守英．直面中国土地问题［M］．北京：中国发展出版社，2013.

[24] 刘晓光，张勋，方文全．基础设施的城乡收入分配效应：基于劳动力转移的视角［J］．世界经济，2015，(3)．

[25] 卢洪友，谭维佳．地方财政压力对企业捐赠行为的影响研究［J］．当代财经，2015，(9)．

[26] 罗党论，佘国满．地方官员变更与地方债发行［J］．经济研究，2015，(6)．

[27] 骆许蓓．基础设施投资分布与西部地区经济发展——论交通运输枢纽的作用［J］．世界经济文汇，2004，(2)．

[28] 宁静，赵国钦，贺俊程．“省直管县”财政体制改革能否改善民生性公共服务［J］．经济理论与经济管理，2015，(5)．

[29] 庞保庆，陈硕．央地财政格局下的地方政府债务成因、规模及风险［J］．经济社会体制比较，2015，(5)．

[30] 钱颖一．现代经济学与中国经济改革［M］．北京：中国人民大学出版社，2003.

[31] 钱颖一，许成钢，董彦彬．中国的经济改革为什么与众不同——M 型的层级制和非国有部门的进入与扩张［J］．经济社会体制比较，1993，(1)．

[32] 世界银行．1994 年世界发展报告［M］．北京：中国财政经济出版社，1995.

[33] 唐云锋，马春华．财政压力、土地财政与“房价棘轮效应”［J］．财贸经济，2017，(11)．

[34] 汪伟，艾春荣，曹晖．税费改革对农村居民消费的影响研究［J］．管理世界，2013，(1)．

[35] 王蓉．我国义务教育经费的地区性差异研究［J］．为教育提供充足的资源——教育经济学国际研讨会论文集，2003.

[36] 王小龙，方金金．政府层级改革会影响地方政府对县域公共教育服务的供给吗？［J］．金融研究，2014，(8)．

[37] 席鹏辉，梁若冰，谢贞发．税收分成调整、财政压力与工业污染［J］．世界经济，2017，(10)．

[38] 谢旭人．中国财政改革三十年［M］．北京：中国财政经济出版社，2008.

[39] 谢贞发，严瑾，李培．中国式“压力型”财政激励的财源增长效应——基于取消农业税改革的实证研究［J］．管理世界，2017，（12）．

[40] 于文超，殷华，梁平汉．税收征管、财政压力与企业融资约束［J］．中国工业经济，2018，（1）．

[41] 袁渊，左翔．“扩权强县”与经济增长：规模以上工业企业的微观证据［J］．世界经济，2011，（3）．

[42] 张成博，王宏，于遨洋．财政压力下的地方预算行为研究［J］．财政研究，2006，（10）．

[43] 张恒龙，孟添．中国财政体制（1949—2004）变迁的实证研究——基于财政压力与竞争的视角［J］．经济体制改革，2007，（4）．

[44] 张力，吴开亚．城市自由落户的地方公共财政压力分析［J］．中国人口科学，2013，（6）．

[45] 张微微．财政压力、金融抑制与经济增长方式转型［J］．财经问题研究，2017，（4）．

[46] 张学良．中国交通基础设施促进了区域经济增长吗？——兼论交通基础设施的空间溢出效应［J］．中国社会科学，2012，（3）．

[47] 张占斌．“省直管县”体制改革的实践创新［M］．北京：国家行政学院出版社，2009.

[48] 郑世林，周黎安，何维达．电信基础设施与中国经济增长［J］．经济研究，2014，（5）．

[49] 郑思齐，孙伟增，吴璟，武赟．“以地生财，以财养地”——中国特色城市建设投融资模式研究［J］．经济研究，2014，（8）．

[50] 郑新业，王晗，赵益卓．“省直管县”能促进经济增长吗？——双重差分方法［J］．管理世界，2011，（8）．

[51] 钟辉勇，陆铭．财政转移支付如何影响了地方政府债务［J］．金融研究，2015，（9）．

[52] 钟辉勇，钟宁桦，朱小能．城投债的担保可信吗？——来自债券评级和发行定价的证据［J］．金融研究，2016，（4）．

[53] 周黎安，陈烨．中国农村税费改革的政策效果：基于双重差分模型的估计［J］．经济研究，2005，（8）．

[54] 周黎安．晋升博弈中政府官员的激励与合作——兼论我国地方保护主义和重复建设问题长期存在的原因［J］．经济研究，2004，（6）．

[55] 周黎安．中国地方官员的晋升锦标赛模式研究［J］．经济研究，2007，（7）．

[56] 周沅帆．城投债——中国式市政债券［M］．北京：中信出版社，2009.

[57] Ashenfelter，O. and D. Card. Using the Longitudinal Structure of Earnings to Estimate the Effect of Training Programs［J］. The Review of Economics and Statistics，1985，67（4）：648—660.

[58] Brennan，G. and J. Buchannan. the Power to Tax：Analytical Foundations of a Fiscal Constitution［M］. New York：Cambridge University Press. 1980.

[59] Card，D. and A. B. Krueger. Minimum Wages and Employment：A Case Study of the Fast—Food Industry in New Jersey and Pennsylvania［J］. American Economic Review，1994，84（4）：772—793.

[60] Chan，K. W. Crossing the 50 Percent Population Rubicon：Can China Urbanize to Prosperity?［J］. Eurasian Geography and Economics，2012，53（1）：63—86.

[61] Démurger，S. Infrastructure Development and Economic Growth：An Explanation for Regional Disparities in China?［J］. Journal of Comparative Economics，2001，29（1）：95—117.

[62] Ghosh, A. R., J. I. Kim, E. G. Mendoza, J. D. Ostry, and M. S. Qureshi. Fiscal Fatigue, Fiscal Space and Debt Sustainability in Advanced Economics [J]. Economic Journal, 2013, 123 (566): 4—30.

[63] Han, L. and K. S. Kung. Fiscal Incentives and Policy Choices of Local Governments: Evidence from China [J]. Journal of Development Economics, 2015, 116: 89—104.

[64] Keen M., and M. Marchand. Fiscal Competition and the Pattern of Public Spending [J]. Journal of Public Economics, 1997, 66 (1): 33—53.

[65] Kumar, M. S., and J. Woo. Public Debt and Growth [J]. 2010, IMF Working Paper.

[66] Li, H., and L. Zhou. Political Turnover and Economic Performance: the Incentive Role of Personnel Control in China [J]. Journal of Public Economics, 2005, 89 (9): 1743—1762.

[67] Maskin, E., Y. Qian, and C. Xu. Incentives, Information, and Organization Form [J]. The Review of Economic Studies, 2000, 67 (2): 359—378.

[68] Nuun, N., and N. Qian. The Potato' s Contribution to Population and Urbanization: Evidence from a Historical Experiment [J]. Quarterly Journal of Economics, 2010, 126 (2): 593—650.

[69] Peng, X., Q. Shi, and X. Zhu. The perception of dual hukou system, its realistic impact and reform orientation: An investigation based on Shanghai ´s hukou system [J]. China Soft Science, 2013, 5: 27—44.

[70] Reinhart, C. M., and K. S. Rogoff. From Financial Crash to Debt Crisis [J]. American Economic Review, 2011, 101 (5):

1675—1706.

[71] Schumpeter J. A., and R. Swedberg. The crisis of the tax state [M]. Reproduced in: Swedberg R, 1918.

[72] Stigler, S. The Tenable Range of Functions of Local Government [J]. International Library of Critical Writings in Economics, 1998, 88: 3-9.

[73] Wu, J., Y. Deng, J. Huang, R. Morck, and B. Yeung. Incentives and Outcomes: China's Environmental Policy [J]. NBER Working Paper, 2013.

[74] Wu, H. X. Rural to urban migration in the People's Republic of China [J]. The China Quarterly, 1994, 139: 669—698.

[75] Xu, C. The Fundamental Institutions of China's Reforms and Development [J]. Journal of Economic Literature, 2011, 49 (4): 1076—1151.

后　记

不知不觉间，从博士毕业到北京外国语大学国际商学院任教已数年。本书是在教学和科研相关基础上整理而成，通过理论模型和实证分析等方法，主要研究了地方政府公共服务供给行为、地方政府土地出让行为及地方政府与微观企业的互动关系。我国的经济发展阶段已由高速增长转向高质量发展阶段，在这样的背景下，深入而全面地对地方政府经济行为进行剖析、权衡和把握，趋利避害，将有助于在高质量经济发展阶段实施供给侧改革，优化土地等要素的配置效率，推进财税体系改革以及防范和化解重大风险。

书稿行将付梓，我兴奋不已，因为里面不仅凝结着多年坚持不懈的汗水，还包含了许多人对我的关心和帮助。首先要感谢我的博士生导师——北京大学光华管理学院龚六堂教授。龚老师不仅具有深厚的经济学功底、渊博的专业知识，而且对中国的宏观经济具有全面的把握和独到的见解。在我工作之后，每周五参加龚老师组织的宏观讨论班，接受龚老师的指导和点拨，每次与龚老师讨论都使我受益良多。师从龚老师，我感到十分幸运，我将以老师为终身学习的榜样。

我还要感谢北京外国语大学彭龙老师、张继红老师、牛华勇老师和孙文莉老师，在研究工作上给予我无微不至的指导和关怀，以及北京外国语大学其他多位在百忙之中抽出时间和我分享精彩观点并提出修改意见的老师。如果没有他们的帮助，本书恐怕难以完成。

本书从构思、写作和修改成型的整个过程能够顺利完成，还特别感谢麦东仁同学在整个书稿写作过程中孜孜不倦地付出。

最后要感谢我的家人，是他们对我研究工作的理解和支持、不辞辛劳的付出，使得我有充足的时间完成书稿的写作。

此外，本书相关内容的研究工作获得了国家自然科学基金青年项目（71403028）和北京外国语大学中青年卓越人才支持计划（2018QZ005）的资助，属于阶段性的成果。在此一并表示感谢！

由于学术水平有限，本书存在不妥或疏漏之处在所难免，期待各位前辈、同行和读者提出宝贵的批评意见和建议，进行交流。

作者

2019 年 5 月